数学求索

广东省刘宏英名师工作室
教学设计与探索

刘宏英◎编著

东北师范大学出版社

长 春

图书在版编目（CIP）数据

数学求索：广东省刘宏英名师工作室教学设计与探索 / 刘宏英编著. — 长春：东北师范大学出版社，2020.11

ISBN 978-7-5681-7330-8

Ⅰ. ①数… Ⅱ. ①刘… Ⅲ. ①中学数学课－教学设计－高中 Ⅳ. ①G633.602

中国版本图书馆CIP数据核字（2020）第236141号

□ 责任编辑：张　影　　　　　□ 封面设计：言之凿
□ 责任校对：刘彦妮　张小娅　□ 责任印制：许　冰

东北师范大学出版社出版发行
长春净月经济开发区金宝街 118 号（邮政编码：130117）
电话：0431-84568115
网址：http://www.nenup.com
北京言之凿文化发展有限公司设计部制版
北京政采印刷服务有限公司印装
北京市中关村科技园区通州园金桥科技产业基地环科中路 17 号（邮编：101102）
2022年6月第1版　2022年6月第1次印刷
幅面尺寸：170mm×240mm　印张：13.75　字数：248千

定价：45.00元

　　本书是广东省教育研究院教育研究课题"核心素养视角下的高中数学函数教学研究"（立项编号：GDJY-2020-A-s116）、广东省中小学教师培训中心科研课题"基于核心素养的高中数学函数在线教学研究"（立项编号：GDSP-2020-X014）、惠州市教育科研课题"数学学科工作室践行'高效课堂'的实践与研究"（课题编号：2017hzkt177）的研究成果。

编　委　会

前言

《普通高中数学课程标准（2017 年版）》指出：数学学科核心素养是具有数学基本特征的思维品质、关键能力以及情感、态度与价值观的综合体现，是在数学学习和应用的过程中逐步形成和发展的．数学学科核心素养包括数学抽象、逻辑推理、数学建模、直观想象、数学运算和数据分析，它们既相对独立、又相互交融，是一个有机的整体．在新课程、新课标、新高考背景下，提高课堂教学效率，促进学生数学学科素养向更高水平发展，尤其是促进学生学会学习，是贯彻新课标理念、落实立德树人根本任务的主要途径，是当前课堂教学改革的重点．

2014 年，《教育部关于全面深化课程改革 落实立德树人根本任务的意见》提出了核心素养以及学科核心素养，我和本校老师就开始探索如何提高课堂教学效率，落实六个数学核心素养的培养．随后，来自惠州市市直、县区的优秀教师也加入了研究团队，使得学情资料更全面，教学方案适应性更广．通过研读《普通高中数学课程标准（2017 年版）》和《普通高中数学课程标准（2017 年版）解读》，我们不断深入研究实现数学核心素养高效培养的要点，优化教学设计，改进教学方法．

通过对以往教学实践的总结和反思，我们确定了课堂教学探索的六个方向：第一，单课时数学核心素养的培养；第二，单元整体教学、跨章节专题教学；第三，数学建模与数学探究活动的教学；第四，帮助学生学会学习的教学方法；第五，问题情境的设计；第六，技术助力素养培养的途径和方法．分别针对新课标下新授课、主题式教学、生活化问题、如何以学为主、数学问题的背景、信息技术或设备融入学习活动开展研究．

本书的上篇为教学设计，下篇为教学探索，展现了我们围绕以上六个方向开展的教学实践和思考．教学设计主要以上述两本著作为指导，所使用的教材是 2019 年秋季人民教育出版社新版教材．按照函数、几何与代数、概率与统计、数学建模活动与数学探究活动四条内容主线，结合六大数学核心素养的培养，挑选了一些具有代表性的课题进行设计．例如，按内容主线划分，函数部分有"函数的单调性""指数函数及其性质""弧度制""任意角的三角函数""正切函数的性质与图像"．

本书教学设计对应的课例曾作为全市或县区公开课进行展示，或在全市教学比赛中获奖，部分课例是省、市课题研究的成果．所有课例都经历了长时间的研磨，后期又进行反复修正，每次研讨都是理论水平和实践能力快速提高的过程．在进行设计和教学的过程中，我们也提高了对新课标、新教材、新高考和新教法学法的认识，并将所思所感所悟汇编成文．本书教学探索部分所选取的论文是2014年以来，团队老师在专业期刊上发表或在专业领域评比中获得省、市奖项的文章，记录了我们对课堂教学进行探索的成长历程和收获．

本书的设计、课例研磨、论文撰写等环节都得到了各级领导和专家的指导与帮助，在此对协助完成本书编著的领导和老师们表示衷心地感谢！

由于水平有限，书中内容难免存在一些疏漏之处，恳请大家批评指正！以便再版时修改和完善．期望本书能有助于老师们更好地从核心素养视角开展课堂教学和研究，为提高新课标下课堂教学质量添砖加瓦．

上 篇　教学设计 \ 1

函数的单调性（杨威灵） ……………………………… 2

指数函数及其性质（蒋振） ……………………………… 11

弧度制（肖永昌） ……………………………… 17

任意角的三角函数（刘权） ……………………………… 27

正切函数的性质与图像（邱礼明） ……………………………… 35

求曲线的方程：与圆相关的动点的轨迹方程（刘春） ……… 41

与圆锥曲线有关的"两个统一"问题（王燕霞） ……………… 50

柱体、锥体、台体的表面积（黄德华） ……………………… 56

平面向量的实际背景及基本概念（宿天婷） ……………… 63

直线的方向向量与平面的法向量（王富美） ……………… 70

直线与圆的位置关系（刘德伟） ……………………………… 75

解三角形中的最值问题（麦敬基） ……………………… 82

数列求和方法的探究（刘春） ……………………………… 87

简单随机抽样（宿天婷） ……………………………… 97

随机数的产生（整数值）（李文明） ……………………… 103

下 篇　教学探索 \ 109

基于试题分析的"概率统计"复习教学（刘宏英　王海青） …… 110

以高考试题为载体培养核心素养的探索与思考（刘宏英） …… 117

高中数学探究式教学问题的探究引导（方志平） ……………… 124

圆锥曲线三种定义的等价性证明（王海青　刘宏英） ………… 132

例谈圆锥曲线中直线过定点问题的解法（刘宏英） …………… 139

2016 年广东高考（数学）备考建议——"函数导数"

　　板块（刘宏英） ……………………………………………… 146

借用换元引参巧解数学竞赛试题（杨威灵　方志平） ………… 152

圆的几何性质在解析几何问题中的运用（刘宏英） …………… 158

例谈基本不等式运用的常见策略（刘宏英） …………………… 163

例谈以教材习题为载体培养学生的转化与化归能力（刘宏英） … 168

数学建模论文：水流车更流——关于如何解决桥梁交通拥堵问题的

　　探究（曾一航　卢树衡　王昱翔　伍嘉睿　刘宏英） …… 173

关于椭圆的一道教材习题推广（邱礼明） ……………………… 184

应用直线的参数方程解圆锥曲线综合题（邱礼明） …………… 189

从一道联赛预赛题谈广义 Prouhet 球面的性质（邱礼明） …… 194

谈谈课堂提问的实践与体会（杨威灵） ………………………… 198

数学核心素养视角下提高学生运算能力的策略（代子利） …… 203

浅议数学文化在高中课堂中的渗透（宿天婷） ………………… 206

参考文献 ……………………………………………………………… 209

上 篇

教学设计

函数的单调性

惠州市第一中学　杨威灵

【教材分析】

函数是近代数学的重要概念，是描述客观事物变化规律的重要模型，它贯穿于高中数学整个体系，是学生进一步学习高等数学的基础．单调性作为函数最重要的性质之一，是求函数值域、解不等式、求导数等其他数学知识的重要基础，是解决数学问题的常用工具，也是培养学生逻辑推理能力、渗透数形结合思想的好素材．高一阶段单调性的学习，既是初中学习的延续和深化，又是未来学习的基础，起着承前启后的作用．

【学情分析】

本节课安排在函数的概念之后，学生第一次接触用数学符号语言描述概念，对"给定区间""任意""都"等词语的理解存在一定的困难．因此，教师应创设新颖的教学情境，激发学生的学习兴趣，让学生观察熟悉的函数图像，并通过小组合作学习，引导学生构造正、反例，帮助学生从具体到抽象逐步理解概念，完成从感性认识到理性认识的一个飞跃．

【教学目标】

1. 会根据函数图像判断函数的单调性，并能指出函数的单调区间；能用数学语言概括出增函数和减函数的定义，并能正确理解增函数、减函数的概念．

2. 能利用图像和定义判断函数的单调性，正确书写单调区间，并能用单调性定义证明函数在给定区间上的单调性．

3. 通过对函数单调性定义的建构，让学生经历从具体到抽象、从特殊到一般、从感性到理性的认知过程，培养学生的抽象概括能力、推理论证能力，发展其直观想象、数学抽象、逻辑推理等数学核心素养，体会数形结合的思想方法，养成细心观察、认真分析、严谨论证的良好思维习惯.

【教学重难点】

重点：函数单调性的概念.
难点：理解函数单调性的概念.

【教学方法】

探究式教学法，运用几何画板辅助教学.

【教学过程】

(一)创设情境，引入新课

师：俗话说：好记性不如烂笔头. 真是这样吗？

德国心理学家艾宾浩斯根据研究数据画出了著名的艾宾浩斯记忆遗忘曲线（见表1和图1）：

表1

时间间隔	记忆保持量
刚刚记忆完毕	100%
20 分钟之后	58.2%
1 小时之后	44.2%
8 ~ 9 小时之后	35.8%
1 天后	33.7%
2 天后	27.8%
6 天后	25.4%
一个月后	21.1%
…	…

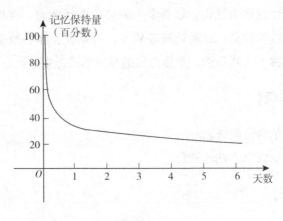

图1

师：观察这条曲线，你能发现什么规律？

生：随着时间的推移，记忆的保持量是减少的．第一天遗忘的速度最快，一天之后遗忘的速度就变慢了．

设计意图：利用与学生生活密切相关的问题情境引入新课，激发学生的学习兴趣．

师：现实生活中有许多事物时刻都在变化，了解它们的变化规律，对我们的生活是很有意义的．对于函数的变化规律，我们常常是看：当自变量增大时函数值是如何随之变化的．这节课我们就一起来学习"函数的单调性"（板书课题）．

（二）以形思数，由具体到抽象

师：同学们在初中的时候已经学过正、反比例函数，知道函数的图像在一定的程度上能够反映该函数的基本性质．下面我们就从函数的图像（见图2到图4）入手来研究函数的性质．请同学们观察第一组函数的图像，指出它们有什么共同的特征．

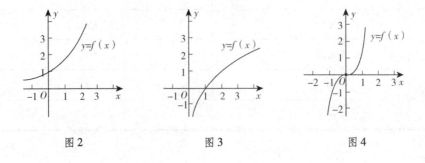

图2   图3   图4

生：从左向右看，这三个函数的图像都是上升的，x 的值越大，y 的值也越大.

设计意图： 让学生直观感知增函数中 x，y 之间的关系，发展直观想象、抽象思维的数学素养.

师：请观察第二组函数的图像（见图 5 到图 7），指出它们有什么共同的特征.

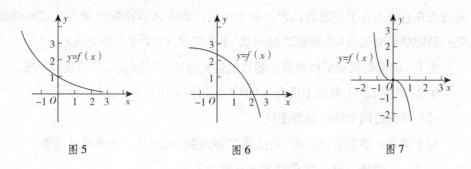

| 图 5 | 图 6 | 图 7 |

生：从左向右看，图像都是下降的，x 的值越大，y 的值越小.

设计意图： 让学生直观感知减函数中 x，y 之间的关系，发展直观想象、抽象思维的数学素养.

师：我们还学习过分段函数，下面请观察第三组函数的图像（见图 8 到图 11），指出它们有什么共同的特征及不同之处.

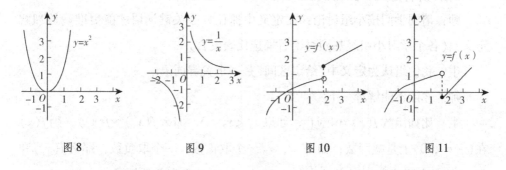

| 图 8 | 图 9 | 图 10 | 图 11 |

生 1：图 8 先减后增；图 9 在 $(-\infty, 0)$ 和 $(0, +\infty)$ 的每个区间内都是下降的；图 10 和图 11 的图像都是不连续的，但从左向右看每段都是上升的.

生 2：我认为图 10 是"y 随 x 的增大而增大"，图 11 则不是，显然，图 11 中 $x=1$ 时的函数值比 $x=2$ 时的函数值大.

师：两位同学观察得很仔细，也说出了它们的不同之处.

设计意图：图8和图9可以使学生直观感知一个函数会有增减的变化，图10和图11可以使学生对增函数定义中的"任意"有一个初步的认识，发展直观想象、抽象思维的素养.

（三）形成概念，交流理解

师：经过刚才对这三组函数图像的观察、感悟，同学们对函数递增或递减的性质在直观上有了一定的认识，那么如何用数学语言来描述函数的这种性质呢？请同学们尝试给"增函数""减函数"下个定义.（学生合作交流）

生1：增函数就是指函数值y随自变量x的增大而增大，减函数则相反.

生2：但是图11好像不适合.（但不知如何表达）

师：这两位同学的回答都不错.

师生活动：学生尝试叙述"增函数""减函数"的定义，教师补充完善.

定义：一般地，设函数$f(x)$的定义域为I：

如果对于定义域I内某个区间D上的任意两个自变量的值x_1，x_2，当$x_1 < x_2$时，都有$f(x_1) < f(x_2)$，那么就说函数$f(x)$在区间D上是增函数.

如果对于定义域I内某个区间D上的任意两个自变量的值x_1，x_2，当$x_1 < x_2$时，都有$f(x_1) > f(x_2)$，那么就说函数$f(x)$在区间D上是减函数.

（四）辨析定义，深化认识

师：请同学们按小组讨论：在定义中抓住哪些关键词语才能更准确地理解定义？（各个学习小组经热烈讨论后推选代表发言）

生：我们组认为定义中"给定区间"是一个关键词语.

师：你能不能解释一下？

生：比如函数$f(x) = |x|$，如果$x_1 < x_2 < 0$，那么$f(x_1) > f(x_2)$，则$f(x)$在$(-\infty, 0)$上是减函数；如果x_1，x_2一个取正数，一个取负数，那么$f(x_1)$和$f(x_2)$的大小不确定，则$f(x)$在$(-\infty, +\infty)$上就没有单调性了.

师：这位同学说得很好！函数的增减性都是对相应的区间而言的."给定的区间"可以是定义域的子区间，也可以是整个定义域.因此，在讨论函数的增减性时要指明相应的区间.

生：我们组认为"任意两个自变量的值"较难理解."任意两个自变量的值"

就是指不能由两个特殊值的大小关系来判断函数的增减性.

师：很棒！掌声鼓励！那你能举例说明吗？（让学生思考片刻）

生：我想到了函数 $f(x)=x^2+2$，如果取两个特殊的值 -2，1，那么 $f(-2)=6>f(1)=3$，由此就判定"函数 $f(x)=x^2+2$ 在 $(-\infty,+\infty)$ 上是减函数"是不对的.

师：回答得很好！要判断函数 $f(x)$ 在某个区间内是增函数或减函数，不能由特殊的两个值来判断，而是要严格依照定义判定.

生1：我的疑问是"任意"能不能改为"无数"，这两者的意思相同吗？

生2（抢着回答）：我画了个图（见图12），图中有无数个点呈上升趋势，但这个函数不是增函数.

师（用投影展示）：你是怎么想到图12这样的图像的？

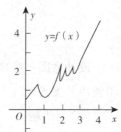

图 12

生2：我看我爸爸炒股票时有类似这样的股票价格变化图像.

师：嗯！这位同学的见识挺广的. 从这个图像可以看出，确实有无数个点满足 y 随着 x 的增大而增大，但这个函数并不满足增函数的定义，所以这个函数不是增函数，"任意"不能改为"无数".

师：能将"增函数"定义中的"当 $x_1<x_2$ 时，都有 $f(x_1)<f(x_2)$"换一种表达方式吗？

生1：当任意 $x_1>x_2$ 时，都有 $f(x_1)>f(x_2)$，则 $f(x)$ 是增函数.

生2：我由符号法则得到：若 $(x_1-x_2)[f(x_1)-f(x_2)]>0$，则 $f(x)$ 是增函数.

生3：若有 $\dfrac{f(x_1)-f(x_2)}{x_1-x_2}>0$，则 $f(x)$ 是增函数.

师：很好！这三种表达方式都是对的，三位同学对增函数定义的理解都很深刻.

设计意图：教会学生如何抓住定义中的关键词语，如何用变式表示来理解概念，培养学生理解问题、分析问题的能力，发展抽象思维、逻辑推理的数学素养，并为后面用作差法证明函数的单调性做铺垫.

(五)讲练结合，加深理解

例1：(1)看图13回答问题，并指出函数的单调区间.

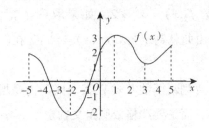

图13

设计意图：明确函数单调区间的表示，同时强调有多个相同单调性的区间不能用并集表示.

(2)判断题：

① 若$f(x)$在区间I上是增函数且$f(x_1) > f(x_2)$，那么$x_1 > x_2$；

② 若$f(x)$在区间I_1上是减函数，在区间I_2上也是减函数，则$f(x)$在$I_1 \cup I_2$上是减函数；

③ 已知$f(x)$在实数集上是减函数，若$a+b \leq 0$，则$f(b) \leq f(-a)$.

设计意图：进一步加深对函数单调性的理解.

例2：用定义证明：$f(x) = 1 + \dfrac{k}{x}(k>0)$在$(0, +\infty)$上是减函数.

学生在自学的基础上先尝试自己解答，然后教师组织学生讨论、交流，再收集不同层次的学生的解答过程，投影，让学生评议. 针对学生出现的问题，教师先给予纠正，再让学生分层练习.

证明：任取x_1，$x_2 \in (0, +\infty)$，且$x_1 < x_2$，　　　　　　(设元)

$$f(x_1) - f(x_2) = \left(1 + \frac{k}{x_1}\right) - \left(1 + \frac{k}{x_2}\right)$$　　　(作差)

$$= \frac{k}{x_1} - \frac{k}{x_2} = \frac{k(x_2 - x_1)}{x_1 x_2},$$　　　　(变形)

$\because 0 < x_1 < x_2$，

$\therefore x_2 - x_1 > 0$，$x_1 x_2 > 0$，又$\because k > 0$，　　　　　(断号)

$\therefore f(x_1) - f(x_2) > 0$，即$f(x_1) > f(x_2)$，

$\therefore$ 函数$f(x) = 1 + \dfrac{k}{x}(k>0)$在$(0, +\infty)$上是减函数.　(结论)

引导学生归纳证明函数单调性的步骤：①设元，②作差，③变形，④断号，⑤结论.

设计意图：充分展示学生的学习效果，暴露学生在解答问题的过程中出现的问题，及时纠正，讲练结合，规范书写，巩固所学知识，发展抽象思维、逻辑推理、数学运算等数学素养.

（六）拓展延伸，学以致用

师：在生活中，不少人都有这样的经验：在一杯水中加入一些糖，糖加得越多糖水就越甜. 请用数学知识来解释这一现象.

生：把原有一杯水的质量看作 1，加入糖的质量看作 x，转化为浓度问题，只要证明 $f(x) = \dfrac{x}{x+1}$，$x \in (0, +\infty)$ 是增函数就行了.

设计意图：让学生感受到数学源于生活，又服务于生活.

（七）课堂练习，归纳小结

学生交流在本节课学习过程中的体验和感受，师生共同小结，分层布置作业.

（八）课后作业

1. 基础题：习题 1.3　A 组 1，2，3.

2. 拔高题：研究函数 $f(x) = \begin{cases} x^2 + 1, & x > 0, \\ -x^2 - x, & x < 0 \end{cases}$ 的单调性.

【教学反思】

从教学方法看，本节课学生经过对三组函数图像的观察，归纳出一个抽象的数学概念——函数的单调性. 学生通过小组合作学习、交流，从多个角度更加深刻地理解这个概念，并为后续学习（函数的最值）做了一定的铺垫. 学生既感受到了数学发现的乐趣，又增添了学习数学的信心. 教学设计遵循"观察、归纳、自主探究、合作交流"的认知过程，注重知识的产生、发展过程，将合情推理与演绎推理有机结合，让学生在自主探索的过程中理解概念，掌握方法，感悟蕴含其中的数学思想. 实践表明，通过小组合作与交流，学生对有关知识的印象比过去死记硬背要深刻得多，尤其是理性化的认识能力和理解能力都得到有效提高.

从教材处理看，本节课遵照教材的编写意图，从特殊到一般、从直观到抽象，从图形语言到文字语言，再到符号语言，逐渐抽象出函数单调性的概念．结合教材的素材设计层层深入地思考与探究问题，使学生经历数学知识的发现和创造过程，了解知识的来龙去脉．本节课重点突出了数形结合的思想，突破了单调性的抽象性这个难点，学生经历了有意义的探究活动与合作交流，使问题化难为易，体现了面向全体学生的教学思想．

从教学程序看，教师设置的问题大都贴近学生的生活实际，有开放度、有思维量，能激发学生学习的积极性．本节首先由著名的艾宾浩斯记忆遗忘曲线自然引入单调性问题；然后教师引导学生自主学习、合作交流，对单调性的定义进行了深入剖析；最后以对话的形式层层设疑，不断地激发和调动学生思考、交流反馈，促使学生的认知、思维得到深化．学生通过这些主体参与的学习活动，体验了研究数学问题的方法．

从教学效果看，教师营造了宽松、愉快的教学氛围，给学生更多的展示机会．教师及时使用激励性语言对学生进行评价，激发了学生的内驱力．教师给予学生的总是恰到好处的扶持、帮助和鼓励，为学生顺利地完成本节课的探究任务注入了"催化剂"．本节课学习氛围浓厚，问题解决的质量较高，学后有反思，重点的知识和技能得到巩固和强化，学习能力得到提升，体现了效率意识．

综上，本节课从整体来看，教师本着"让学生充分经历知识的形成、发展和应用过程"的教学理念，将教材中抽象的、静态的数学知识还原成具体的、动态的生成过程，尽可能地为学生提供一个探索发现、获得知识的平台，同时提供了一个思考交流、提高认识的空间，较好地贯彻并落实了新课标"既要重视教，又要重视学，促进学生学会学习"的要求．

本节课还有以下两个方面需要改进：一是学习过程中的问题绝大部分是老师提出来的，学生很少主动提出问题；二是学生反馈学习成果时没能充分发挥评价的积极作用，因此未能对学生思维的闪光点加以升华，进而也限制了学生提出问题的意识，今后教学时要注意改进．

本节课让我深刻地认识到，处理好教学中知识传授与能力培养的关系，科学设计教学过程，有利于引导学生主动参与活动，让学生在合作探究中学习，才能不断地激发学生的学习积极性和主动性，唤起学生的学习兴趣，培养学生的思维能力、想象力和创新精神，使每个学生的身心都能得到充分的发展！

（省级课题研究成果）

指数函数及其性质

惠州仲恺中学 蒋 振

【教材分析】

本节内容是人教 A 版必修一教材中学生需要学习的第一个函数模型.《普通高中数学课程标准(2017 版)》中对本节课的要求是：通过具体实例，了解指数函数的实际意义，理解指数函数的概念；能用描点法或借助计算工具画出具体指数函数的图像，探索并理解指数函数的单调性与特殊点；运用函数建立模型，解决简单的实际问题，体会指数函数在解决实际问题中的作用. 学生通过本节课的学习，可以得到较系统的函数知识和研究函数的方法，为今后研究其他函数模型打下坚实基础.

【学情分析】

学生在初中时已经学习了一次函数、二次函数、反比例函数等函数模型，对"描点法"绘制函数图像已基本掌握，通过第一章"函数及其表示法""函数的基本性质"两节内容的学习，学生已基本掌握了研究函数基本性质的方法，为本节课的学习做好了准备.

【教学目标】

1. 了解指数函数模型的实际背景，以及数学与其他学科的联系；

2. 理解指数函数的概念，能在具体问题中建立指数函数模型；

3. 能画出具体指数函数的图像，并理解指数函数的性质；

4. 在学习的过程中体会研究新函数及其性质的过程和方法，发展直观想象、数学抽象、逻辑推理等数学素养.

【教学重难点】

重点：从具体实例中抽象出指数函数的概念；指数函数性质的归纳与应用.

难点：对指数函数概念中底数 a 的取值范围的理解；指数函数的性质及其应用.

【教学方法】

运用探究式教学法，在教师的引导下学生主动探索，形成新知.

【教学过程】

(一)问题探究

1. 某种细胞分裂时，第一次由 1 个分裂成 2 个，第 2 次由 2 个分裂成 4 个，第 3 次由 4 个分裂成 8 个，…，如此下去，如果第 x 次分裂得到 y 个细胞，那么细胞个数 y 与分裂次数 x 的函数关系是＿＿＿＿＿＿＿＿＿＿＿＿.

2. 长度为 1 的一根木棍，每次截取其一半，截取 x 次后，剩下的木棍长度 y 与截取次数 x 之间的函数关系是＿＿＿＿＿＿＿＿＿＿＿＿＿＿.

思考：上面两个函数关系式有什么共同特征？

(1)＿＿＿＿＿＿＿＿＿＿＿＿＿＿＿＿＿＿＿＿＿＿.

(2)＿＿＿＿＿＿＿＿＿＿＿＿＿＿＿＿＿＿＿＿＿＿.

设计意图：从学生熟悉的细胞分裂问题与截木棍问题引出课题，巧设问题情境，激发学生学习的欲望，同时也让学生体会到数学来源于生活，鼓励学生用数学的眼光看待世界.

(二)概念形成

指数函数的定义：一般地，函数＿＿＿＿＿＿叫作指数函数，其中 x 是自变量，函数的定义域是＿＿＿＿＿＿＿＿＿＿＿＿＿＿＿＿＿＿＿＿.

师：同学们，通过阅读指数函数的定义，你们知道为什么会有" $a > 0$ ，且 $a \neq 1$ "这个条件限制吗？

学生们面面相觑，教师提示学生交流、讨论.

生 1：当 $a = 1$ 时， $a^x = 1$ 没有研究价值.

生 2：当 $a = 0$ 时， a 的负分数指数幂没有意义，从而不满足定义里面的定义域为 **R**.

生3：当 $a<0$ 时，a 的偶次方根没有意义.

师：以上三位同学回答得非常好！大家发现指数函数的概念是形式概念，满足以上形式的函数才是指数函数.

设计意图：通过问题的形式引导学生交流学习，同时，通过师生互动、生生互动，培养学生思维的严密性，发展逻辑推理素养.

（三）尝试练习

师：通过刚才的学习，同学们对指数函数的概念有了初步的了解，下面我们来检验一下大家的学习效果.

1. 指出下列函数哪些是指数函数？

$(1)y=1.073^x$；　　　$(2)y=\left(\dfrac{1}{2}\right)^{\frac{t}{5730}}$；　　　$(3)y=2^{x+1}$；

$(4)y=\left(\dfrac{1}{2}\right)^x+1$；　　　$(5)y=x^x$；　　　$(6)y=(-4)^x$.

设计意图：通过这道练习题能够加深学生对指数函数呈现形式的理解.

2. 若函数 $y=(a^2-3a+3)\cdot a^x$ 是指数函数，求实数 a 的值.

设计意图：进一步加深学生对指数函数形式的理解；在求得 a 的两个值后，必须舍去一解，培养学生思维的严谨性.

学生独立完成以上两道练习题后，教师先随机提问一名学生回答第1题并解释原因，再展示另一名学生的第2题的解答过程，并让其说说自己的解题思路.

（四）深入探究

探究指数函数 $y=a^x(a>0$，且 $a\neq1)$ 的图像和性质.

师：同学们，我们要研究一个函数，该从哪些角度去研究呢？

生：研究函数的三要素、图像、性质.

师：我们怎么画一个函数的图像呢？

生：描点法.

师：很好！下面请大家在坐标纸中用列表、描点的方法画出函数 $y=2^x$ 以及 $y=\left(\dfrac{1}{2}\right)^x$ 的图像.

分组画函数 $y=2^x$ 以及 $y=\left(\dfrac{1}{2}\right)^x$ 的图像（见表1和图1）.

表1

x	$\cdots$	-3	-2	-1	0	1	2	3	$\cdots$
$y=2^x$	$\cdots$								$\cdots$
$y=\left(\dfrac{1}{2}\right)^x$	$\cdots$								$\cdots$

学生独立完成列表、描点、连线的过程，并在小组内部交流作图的心得. 教师展示学生代表所画的图像，并通过几何画板演示指数函数图像随底数变化的动态过程.

设计意图：教师借助几何画板强大的作图功能来展示图像变化的动态过程，使学生能够更加直观地观察函数图像的形状、位置的变化，帮助学生发现规律，达到突破难点与提高学习效率的目的，发展数学抽象、逻辑推理的数学素养.

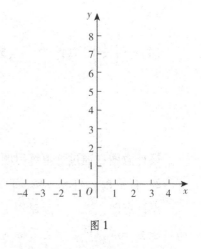

图1

思考：函数 $y=2^x$ 的图像和 $y=\left(\dfrac{1}{2}\right)^x$ 的图像有什么关系？可否用 $y=2^x$ 的图像得到 $y=\left(\dfrac{1}{2}\right)^x$ 的图像？

设计意图：引导学生观察得到函数 $y=f(x)$ 的图像与函数 $y=f(-x)$ 的图像的对称性.

师：通过观察图像，请大家总结指数函数的下列几个性质并填写表格（见表2），指数函数 $y=a^x$（$a>0$，且 $a\neq1$）的图像和性质：

表2

		$0 < a < 1$	$a > 1$
图像			
定义域			
值域			
性质	定点		
	单调性		

师：下面请第3小组选一名同学展示你们小组所填写的性质.

（五）例题示范

例1：已知指数函数 $f(x) = a^x (a > 0$，且 $a \neq 1)$ 的图像经过点 $(3，\pi)$，求 $f(-3)$ 的值.

例2：比较下列各组中两个值的大小：

(1) $1.7^{2.5}$，1.7^3；　　　(2) $0.8^{-0.1}$，$0.8^{-0.2}$；　　　(3) $1.7^{0.3}$，$0.9^{3.1}$.

设计意图：学生通过两道例题的学习，强化了对指数函数定义及性质的理解，突破了教学难点.

（六）随堂练习

1．若 $a = 2^{0.7}$，$b = 2^{0.5}$，$c = \left(\dfrac{1}{2}\right)^{-1}$，则 a，b，c 的大小关系是（　　）.

A. $a > b > c$　　　B. $c > b > a$　　　C. $c > a > b$　　　D. $b > a > c$

2．已知指数函数 $f(x)$ 的图像经过点 $(2，6)$，则函数 $f(x)$ 的解析式为＿＿＿＿＿＿.

设计意图：巩固课堂学习成果.

（七）归纳总结

通过这节课，你学到了什么？请结合下面的提纲加以总结：

1．什么是指数函数？

2．指数函数有哪些性质？

3．你应用了哪些数学方法得到了这些性质？

4．这些性质怎么应用？

5．请你描述一下研究新函数的过程与方法？

(八)课后思考

1. 函数 $y = a^{x-3} + 2$($a > 0$ 且 $a \neq 1$)的图像过定点 _____.

2. 设 $0 < a < 1$,关于 x 的不等式 $a^{2x^2 - 3x + 7} > a^{2x^2 + 2x - 3}$ 的解集是 _____.

(九)课后作业

教材习题 2.1 A 组 第 5,7,8 题.

【教学反思】

1. 设计一节精彩的课需要反复揣摩、精雕细琢

在准备这节课时,我认真阅读了教材,对教材中的每一个字、每一句话都反复揣摩,生怕错过其中的关键信息点. 同时,我将《普通高中数学课程标准(2017 版)》中关于这节课内容的描述以及教材配套教师用书中的内容进行了仔细阅读,通过阅读,我对这节课的内容有了更加深入的了解. 在写出教学设计的初稿后,我对照《课标》及《教师用书》对我的教学设计进行了反复的修改与完善.

2. 设计一节精彩的课需要专家引领

我把所有的教学设计都完成好后,请了几位专家来听我说本节课的教学设计. 专家们听完后给我提出了很多、很好的建议与意见,这些是我自己设计教学过程时所没有想到的. 听了专家的建议后,我又对我的教学设计进行了修改,对其中的体现培养数学素养的部分进行了完善与补充,对累赘多余的部分进行了删减.

3. 教学中存在的不足

(1)教学过程中有两处前后呼应不够,导致教学有点前后不连贯.

(2)指数函数概念部分的教学时间稍多,后面的教学过程稍显仓促,学生自主探究的时间不够,教学设计的预设完成得不充分.

(3)课题引入的设计较为繁杂,用时稍显过多.

(市级公开课)

弧度制

惠州市第一中学　肖永昌

【教材分析】

1. 教材地位与作用

本节课是普通高中实验教科书人教 A 版必修 4 第一章第一节第二课时. 本节课起着承上启下的作用. 学生在初中已经学过角的度量单位"度"，并且上节课学了任意角的概念，将角的概念推广到了任意角. 本节课作为三角函数的第二课时，是后续学习任意角的三角函数等知识的理论准备. 通过本节弧度制的学习，学生很容易找出与角对应的实数，并且会发现在弧度制下的弧长公式与扇形面积公式有了更为简单的形式. 另外，弧度制为今后学习三角函数带来很大方便.

2. 教材内容分析

现代教育理念认为数学教学过程就是学生对有关数学内容进行探索、实践与思考的过程，所以学生应成为学习活动的主体，教师应成为学习活动的组织者、引导者与合作者. 在教学中，教师首先应考虑的是要充分调动学生的主动性与积极性，引导学生开展观察、比较、概括、推理、交流等多种形式的活动，使学生通过这些活动掌握基本的数学知识与技能. 教师在发挥组织、引导作用的同时，又是学生的合作者.

教材内容遵循了由浅入深、循序渐进的原则. 教材先从学生熟悉的基本单位转换入手，让学生体会不同的单位制给解决问题带来的方便，再引导学生去思考寻找另一种单位制度量角. 下面从以下四点来分析教材的内容：

(1)明确 1 弧度的意义. 弧度制与角度制一样，只是度量角的一种方法. 由于学生有先入为主的思想，所以学起来有一定的困难. 首先，必须清楚 1 弧度的概念，它与所在圆的半径大小无关．其次，弧度制与角度制相比有一定的优点．一是在进位上，角度制中度、分、秒是 60 进制，而弧度制是十进制；二是在弧长和扇形面积的表示上，弧度制比角度制简单．

（2）教材通过实例和几何画板的演示来讲述 1 弧度的含义，便于学生对概念的理解．通过对弧度制与角度制的对比、分析，说明应用弧度制度量比应用角度制度量具有优越性．

（3）关于弧度与角度二者的换算，教学时应抓住：$1° = \dfrac{\pi}{180}$ 弧度；1 弧度 $= \left(\dfrac{180}{\pi}\right)°$．

（4）由（3）可以让学生知道，无论是利用角度制还是弧度制都能在已知弧长和半径的情况下推出扇形的面积公式，但是利用弧度制来推导更简单些．

【学情分析】

在本节课中，学生已具备了以下学习条件：

1. 知识基础

学生在初中已经学过角的度量单位"度"，并且上节课学习了任意角的概念，掌握了角的概念的推广，也具备了角度制下的一些结论，如 1 度的角、弧长公式和扇形面积公式，这是学习本节课的知识基础．

2. 心理准备

学生目前只知道角可以用度为单位进行度量，在寻找另一种单位制度量角的时候思维受挫是学生学习本节课的内在动机．

3. 材料基础

教材内容的组织由浅入深、循序渐进．

【教学目标】

1. 理解 1 弧度的角的意义，了解弧度制的概念，领会定义的合理性；了解角的集合与实数集合之间可以建立一一对应关系．

2. 在知识的建构过程中，体会数形结合、从特殊到一般等数学思想方法．

3. 体验角度制与弧度制的区别、联系与转化，能进行角度与弧度的换算，熟记特殊角的弧度数．

【教学重难点】

重点：弧度制的概念；弧度与角度的互化.

难点：弧度制的概念.

【教学方法】

采用探究式教学，以问题串的形式引导学生得到弧度制的概念，深入理解概念并应用概念. 利用 PPT 和几何画板的课件静态、动态相结合地展示 1 弧度的角，帮助学生深入理解概念.

【教学基本流程】

图 1

【教学过程】

(一)复习引入

1. 上节课我们把角的概念推广到了任意角，包括正角、负角和零角. 这些角都是用"度"作单位来度量的，这种用"度"作单位来度量角的制度称为角度制. 请同学们回忆一下，在角度制中，1 度的角是如何定义的？弧长公式与扇形面积公式是什么？

2. 我们在度量长度时，有时用"米"作单位，有时用"尺"作单位，有不同的单位制；度量重量时，可以使用"千克""吨"等不同的单位制. 角的度量除了用角度制外，是否也能用不同的单位制度量呢？

(二)新课讲授

问题 1： 圆心角 $n = 30°$，当半径 r 分别为 1，2，3，4 时，计算圆心角 n 所对弧长 l 与半径 r 的比值 $\dfrac{l}{r}$（见表 1）.

表1

$n = 30°$	$r = 1$	$r = 2$	$r = 3$	$r = 4$
l				
$\dfrac{l}{r}$				

用几何画板演示:

(1)当圆心角不变,半径变化时,$\dfrac{l}{r}$是定值;(比值是一个实数,因此是10进制,比角度的60进制用起来更方便)

(2)当半径不变,圆心角变化时,$\dfrac{l}{r}$随圆心角的变化而变化.

设计意图: 从数学知识内在联系的角度设计问题情境,寻找适合学生思维的最近发展区,将初中所学的计算弧长的知识与高中即将学习的弧度制联系起来,帮助学生建立起新旧知识之间的联系. 通过计算结果和几何画板的演示,引导学生观察、归纳出其中的规律,抽象出数学本质,体会用弧长和半径的比值来定义角度的合理性,发展数学运算、数学抽象等核心素养.

通过以上探索可知,弧长与半径的比值$\dfrac{l}{r}$只与圆心角的大小有关,而与半径的大小无关. 我们可以用这个比值来度量角,这就是度量角的另一种单位制——弧度制.

与角度制中先定义1度角的大小一样,我们也要先定义1弧度的角.

定义: 把长度等于半径长的弧所对的圆心角叫作1弧度的角,用符号 rad 表示,读作弧度.

几何画板演示:

(1)1弧度的角 $= \dfrac{l}{r} = 1$,此时 $l = r$(1弧度角是一个比60°角略小的角).

(2)观察2弧度、3弧度的角,根据定义思考它们所对的弧长与半径是什么关系.

(思考:若$\alpha = \sqrt{2}$弧度,则弧长与半径是什么关系?)

(3)思考:若$l = 1.5r$,则圆心角是多少弧度?

设计意图：加深理解弧长、半径、圆心角之间的关系.

问题2：根据定义，如何度量一个角的弧度数？

请填写下面的表格并思考：

如图2，半径为 r 的圆，圆心与坐标原点重合，角 α 的始边与 x 轴的非负半轴重合，交圆于点 A，终边与圆交于点 B，填写表2：

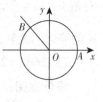

图2

表2

$\overset{\frown}{AB}$ 的长	OB 旋转的方向	$\angle AOB$ 的弧度数	$\angle AOB$ 的角度数
πr	逆时针方向		
$2\pi r$	逆时针方向		
r		1	
$2r$		-2	
		$-\pi$	
		0	
			90°
			270°

设计意图：引导学生运用表格分析数学对象之间的关系，帮助学生理解弧度与角度之间的联系与区别，以及角与实数之间的一一对应关系，发展数学运算、数学抽象等核心素养.

思考问题：

(1)OB 旋转的方向决定了 $\angle AOB$ 的_____，也决定了 $\angle AOB$ 的弧度数的_____.

(2)若一个半径为 r 的圆的圆心角 α 所对的弧长是 l，则 α 的弧度数是多少？

(3)角度制与弧度制都是用来度量角的，它们之间一定可以换算，那么它们的关系是什么？如何换算？

学生讨论，填表，回答问题，老师引导学生得出下列结论：

(1)正角的弧度数是一个正数，负角的弧度数是一个负数，零角的弧度数是零(这样就在角的集合与实数集之间建立了一一对应关系).

(2)如果半径为 r 的圆的圆心角 α 所对弧的长为 l，那么角 α 的弧度数的绝对值 $|\alpha| = \dfrac{l}{r}$，即 α 的绝对值就是弧长中有多少个半径. 这里，α 的正负由角 α 的终边的旋转方向决定.

(3) $360° = 2\pi$ rad，$180° = \pi$ rad.

设计意图：加深对角与实数之间的——对应关系的理解，发展数学抽象、逻辑推理等核心素养.

练习：填写特殊角的度数与弧度数的对应表（见表3）：

表3

度	0°	30°	45°			120°	135°	150°			360°
弧度				$\dfrac{\pi}{3}$	$\dfrac{\pi}{2}$				π	$\dfrac{3\pi}{2}$	

问：1°的角等于多少弧度？1 弧度的角等于多少度？

$\left(1° = \dfrac{\pi}{180} \text{ rad} \approx 0.01745 \text{ rad}；1 \text{ rad} = \left(\dfrac{180}{\pi}\right)° \approx 57.30°\right)$

你能完成下面的换算吗？

例1：(1)把下列角度化为弧度：$67°30'$；$-210°$.

(2)把下列弧度化为角度：2 rad；$\dfrac{\pi}{12}$ rad.

（学生板演）

解：(1) $67°30' = \left(\dfrac{135}{2}\right)° = \dfrac{135}{2} \times \dfrac{\pi}{180} \text{ rad} = \dfrac{3}{8}\pi \text{ rad}$.

$\left(67°30' = 67.5° = \dfrac{135}{2} \times \dfrac{\pi}{180} \text{ rad} = \dfrac{3}{8}\pi \text{ rad}\right)$

$-210° = -210 \times \dfrac{\pi}{180} \text{ rad} = -\dfrac{7}{6}\pi \text{ rad}$.

(2) $2 \text{ rad} = 2 \times \left(\dfrac{180}{\pi}\right)° \approx 114.6°$.

$\dfrac{\pi}{12} \text{ rad} = \dfrac{\pi}{12} \times \left(\dfrac{180}{\pi}\right)° = 15°$.

注：用弧度制表示角时，"弧度"可省略不写，如 $\alpha = 2$ 表示 2 弧度的角，$\dfrac{\pi}{3}$ 就表示 $\dfrac{\pi}{3}$ 弧度的角；用角度制表示角时，单位"度"不能省略.

设计意图：理解弧长、半径、圆心角之间的关系，掌握弧度与角度的互化方法，规范解答，发展逻辑推理、数学运算等核心素养.

问题3：在弧度制下，弧长公式和扇形面积公式可以写成什么形式？你能推导吗？（用 R 表示半径，l 表示弧长，S 表示扇形面积，α 表示圆心角的弧度数 $(0 < \alpha < 2\pi)$）

（学生思考，展示推导过程）

解：因为 $\alpha = \dfrac{n\pi}{180}$，$l = \dfrac{n\pi R}{180}$，其中 n 表示圆心角的度数，

所以 $S = \dfrac{n\pi R^2}{360} = \dfrac{1}{2} \cdot \dfrac{n\pi}{180} \cdot R^2 = \dfrac{1}{2}\alpha R^2$.（用圆心角的弧度数表示扇形面积）

又由 $|\alpha| = \dfrac{l}{r}$ 及 $0 < \alpha < 2\pi$ 可得 $l = \alpha \cdot R$，$\alpha = \dfrac{l}{R}$，

所以有 $S = \dfrac{1}{2}lR$.（用弧长表示扇形面积）

注：弧度制下，弧长公式和扇形面积公式简单了，这也是引入弧度制的好处.

设计意图：引导学生自主发现扇形弧长和面积公式，比较原有的公式与新公式之间的差别，体现新公式的简洁，发展逻辑推理、数学运算等核心素养.

例2：(1)写出与 $\dfrac{\pi}{6}$ 角终边相同的角的集合；

(2)终边在 y 轴上的角的集合.

解：(1)与 $\dfrac{\pi}{6}$ 角终边相同的角的集合：$\left\{\beta \,\middle|\, \beta = \dfrac{\pi}{6} + 2k\pi,\ k \in Z\right\}$.

(2)终边在 y 轴上的角的集合：$\left\{\alpha \,\middle|\, \alpha = \dfrac{\pi}{2} + k\pi,\ k \in Z\right\}$.

注：在同一个式子中，角度与弧度不能混用.

设计意图：衔接前一节课的知识，规范表达形式.

(三)课堂小结

今天我们学习了一种新的度量角的单位制——弧度制，现总结如下：

(1)我们定义了 1 弧度的角，在这个定义下，角的弧度数的绝对值 $|\alpha| = \dfrac{l}{r}$；

(2)弧度制下，角的集合与实数集之间建立了一一对应关系；

(3)角度制与弧度制是度量角的两种单位制，它们之间可以进行换算；

(6世纪，印度人孕育着最早的弧度制概念. 1748年，数学家欧拉明确提出了弧度制思想，简化了三角函数的公式及计算. 今后的学习中，我们将尽量使用弧度制进行计算.)

(四)课后作业

(1)阅读教材 P6 – 8.

(2)习题 1.1　A组 7，8，9题；B组 2，3题.

【教学反思】

弧度制是一节概念课，概念的抽象性是学生理解困难的关键因素. 如何突破难点，让学生接受弧度制这一新的单位制，比较顺畅地理解概念并纳入原有认知体系，是我备课时重点考虑的问题.

基于上述考虑，我在备课中设计了以下几个环节：

(1)课题引入：通过让学生亲自计算，再用几何画板展示，让学生体会用 $\frac{l}{r}$ 度量角的合理性，从而比较顺利地引出1弧度角的概念.

(2)概念理解：通过用几何画板演示1弧度角的大小，并观察2弧度角、3弧度角，让学生直观理解1弧度角的概念.

(3)探究活动：让学生填写表格，并提出思考问题，在填表的过程中让学生总结、归纳出角的弧度制公式以及角度与弧度的换算关系.

(4)知识应用：在应用知识的过程中让学生体会引入弧度制的必要性.

(5)弧度制是一种新的度量角的单位制，其中蕴含着丰富的数学文化，这一点教材的旁白有所体现. 因此，在教学设计中要充分利用教材中的旁白渗透数学文化教育.

当这堂数学课的下课铃声响起的时候，我这样问自己：这节课我上得成功吗？在这节数学课中，学生学到了什么？掌握得怎么样？还有什么没有掌握？下堂课怎样衔接？

新课标非常强调教师的教学反思. 思之则活，思活则深，思深则透，思透则新，思新则进. 教师只有反思自己的教学行为，总结教学的得失与成败，对整个教学过程进行回顾、分析和审视，才能形成自我反思的意识和自我监控的能力，才能不断丰富自身素养，提升自我发展能力，逐步完善教学艺术，实现教师的自我价值. 在此，我就浅谈一下本节课后反思的四点：

1. 教学行为是否服务于教学目标

新课标要求我们在制定每节课的教学目标时，要特别注意突出数学学科的核心素养，结合特定的教学任务，思考相应的数学学科核心素养在教学中的孕育点、生长点，注意可实现性. 就本节课而言，从初中熟悉的角度制出发，通过表格和几何画板较好地突破了弧度制概念的抽象性这个难点，并使学生感受到学习弧度制这个新概念的必要性，使新知的引入自然、简洁. 接下来的概念构建和运用过程继续运用表格和几何画板，并更多地由学生自主探究、合作交流解答问题，从而完成各项学习任务. 从课堂反馈来看，学生对弧度制的定义和弧度制与角度制的互化掌握得较好，说明这些教学行为有效地发展了学生的直观想象、数学抽象和逻辑推理等数学素养.

2. 教学活动是否"沟通"和"合作"

叶澜教授曾提出，"人类的教育活动起源于交往，教育是人类一种特殊的交往活动". 教学活动作为教育活动的一部分，没有沟通就不可能有教学，失去了沟通的教学是失败的教学. 教学是集约化、高密度和多元结构的沟通活动，成功的教学过程应该形成多种多样的、多层面的、多维度的沟通情境和沟通关系. 教学过程是师生交往、积极互动、共同发展的过程，是师与生彼此敞开心扉、相互理解、相互接纳的过程. 在成功的教学过程中，师生应形成一个"学习共同体"，他们都作为平等的一员参与在学习过程中，从而进行心灵的沟通与精神的交融. 没有交往，没有互动，就不存在或未发生教学，那是只有教学形式表现而无实质性交往过程发生的"假教学". 就本节课而言，课堂中的互动还是比较多的，学生的练与教师的讲解有效地结合起来，使师生的"沟通"和"合作"很好地体现出来.

3. 是否创造性地使用了教材

教材，历来被作为课程之本. 而在新的课程理念下，教材的主要功能是作为教与学的一种重要资源，但不是唯一的资源. 它不再是完成教学活动的纲领性权威文本，而是以一种参考提示的性质出现，给学生展示丰富多彩的学习参考资料. 同时，教师不仅是教材的使用者，也是教材的建设者. 新课标的理念不是新教条，有待在实践中进一步检验、发展和完善. 因此，我们在创造性使用教材的同时，可以在"课后反思"中作为专题内容加以记录，既积累经验又为教材的使用提供建设性的意见，使教师、教材和学生成为课程中和谐的统一体.

课前研究教材的时候，我觉得弧度制和角度制的换算在解题步骤上还不容易被普通班的学生理解，因此我在课堂上增加了解题的步骤，使解题过程更加详细，让学生更容易理解，所以我认为我在教材的处理上还是有效的.

4. 教学过程是否存在"内伤"

要反思自己是否在刻意地追求所谓的"好课"标准：教学环节中的"龙头""凤尾""铜腰"个个精雕细琢，教学方法中的"电媒""声媒""光媒"一个也不能少，学生讨论热热闹闹，回答问题对答如流. 这种"好课"看似无懈可击，但是有没有给学生足够的思考空间？小组合作学习有没有流于形式？讨论是否富有成效？"满堂灌"是否有越俎代庖之嫌？有没有关注学生数学核心素养的有效落实？学生的创造性何在？对这些"内伤"必须认真回顾、仔细梳理、深刻反思，并对症下药，才能找出改进策略. 我个人认为，本节课课前在这些方面还思考得不足. 例如，课堂上虽然师生之间的互动不少，但是学生与学生之间的互动较少，今后还要认真研究教学过程，提高把控课堂的能力.

（市级课题研究成果）

26

任意角的三角函数

惠州市第一中学　刘　权

【教材分析】

本节课是人教 A 版高中数学必修 4 教材中第一章第二节. 学生在必修 1 中学习了指数函数、对数函数、幂函数，而三角函数也是基本初等函数，它是描述周期变化规律的重要数学模型，因此学习三角函数具有重要意义. 任意角的三角函数是本章教学内容的基本概念，起着承上启下的作用，因此本节是这一章最重要的一节课，它是以后学习平面向量、解析几何等内容的必要知识，通过这部分内容的学习可以进一步帮助学生理解函数这一基本概念.

【学情分析】

1. 在初中时，学生以直角三角形为背景学习了锐角的三角函数，但并没有从函数的角度去认识锐角的三角函数，因此对用角的终边上的一点的坐标去定义角的三角函数的理解有一定困难. 在学习本课之前，学生已经对函数有了一定的了解，并且学习了任意角和弧度制，已经把角与实数一一对应起来了，为本节课学习任意角的三角函数铺平了道路.

2. 学生的数学基础知识较好，数学运算能力一般，但具备了基本的抽象思维能力和演绎推理能力.

3. 学生在探究问题的能力、合作交流的意识等方面发展得不够均衡，必须在老师一定的指导下才能进行学习.

【教学目标】

1. 知识与技能目标

通过探究，让学生能够借助单位圆理解任意角的正弦、余弦、正切的定义；能理解任意角的三角函数是以角为自变量，以角的终边与单位圆交点的坐标或坐标的比值为函数值的函数；了解三角函数的定义域；会用定义求特殊角的三角函数值，会求已知终边位置的角的三角函数值.

2. 过程与方法

学生积极参与，亲身经历，体验三角函数概念的生成过程；在构建三角函数定义的过程中体会数形结合、特殊到一般的数学思想，发展直观想象、数学抽象、逻辑推理、数学运算等核心素养.

3. 情感态度与价值观

通过运用多媒体、几何画板等工具激发学生的学习兴趣；巧设问题引导学生积极思考，主动探究，对学生的表现及时给予评价和肯定，培养学生学习数学的自信心，体验成功的喜悦，充分调动学生学习数学的积极性.

【教学重难点】

重点：借助单位圆理解任意角的正弦、余弦、正切的定义；理解任意角的三角函数是以角为自变量的函数；用定义法求特殊角的三角函数值；知道三角函数值在各象限的符号.

难点：如何从锐角三角函数的定义推广到任意角的三角函数（正弦、余弦、正切）的定义；理解三角函数就是以角为自变量，坐标或坐标的比值为函数值的函数.

【教学方法】

使用探究式教学法，通过逐级设问引导学生积极思考，帮助学生发现问题、解决问题.

【教学过程】

1. 温故而知新

师：在初中，我们学习过锐角三角函数，知道它们都是以锐角为自变量，以比值为函数值的函数. 下面请同学们回忆一下在初中我们是怎么定义锐角三角函数的(见图1)?

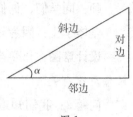

生: $\sin \alpha = \dfrac{对边}{斜边}$, $\cos \alpha = \dfrac{邻边}{斜边}$, $\tan \alpha = \dfrac{对边}{邻边}$.

师: 这位同学记忆得不错, 表达很准确! 在初中的时候, 我们是在直角三角形中定义锐角三角函数的, 锐角三角函数值是直角三角形边的比值.

图 1

设计意图: 学生在初中学习了锐角三角函数的概念, 从学生已有的认知出发, 学生从情感上比较容易接受, 也能帮助基础薄弱的同学巩固锐角三角函数的定义, 铺设学习新知的思维台阶.

2. 自主探究, 引出定义

师: 在学习任意角的时候, 把 $0° \sim 360°$ 的角放在直角坐标系中, 然后推广到了任意角. 现在我们用相同的方法把锐角 α 放入直角坐标系中如图2, 并在 α 的终边上取一点 $P(x, y)$, 请问: 你能用点 P 的坐标表示出 $\sin \alpha$, $\cos \alpha$, $\tan \alpha$ 的值吗?

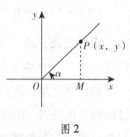

图 2

生板书: $\sin \alpha = \dfrac{对边}{斜边} = \dfrac{y}{r}$, $\cos \alpha = \dfrac{邻边}{斜边} = \dfrac{x}{r}$, $\tan \alpha = \dfrac{对边}{邻边} = \dfrac{y}{x}$.

师: 通过探究我们发现, 锐角三角函数除了可以用边的比值来表示, 还可以用角的终边上的点的坐标的比值来表示, 这是一个很重要的发现.

设计意图: 教师引导学生探究, 用锐角终边上的点的坐标表示锐角三角函数, 形成认知冲突, 发现新知识, 使之既与初中的定义一致, 又能自然地迁移到任意角的情形. 这是一个认识的飞跃, 是理解任意角三角函数概念的关键. 让学生板书, 强调其重要性, 也为后面例2已知角的终边上的点求角的三角函数做好铺垫.

问题1: 对于确定的角 α, 这三个比值是否会随点 P 在角 α 的终边上的位置的改变而改变呢(见图3)?

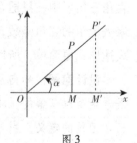

全体学生: 不会.

教师用几何画板动画演示, 点 P 在角 α 终边上移动时, 点 P 的横坐标、纵坐标都在变化, 但三个比值没变.

图 3

师：同学们，你们能解释比值不变的原因吗？

全体学生：因为△OPM与△$OP'M'$相似，所以相似比不变.

设计意图：让学生明白锐角三角函数值与其终边上的点的位置没有关系，只与角α有关.

问题2：我们知道角α的三角函数值不会随点P在α终边上的位置改变而改变，那么点P取什么位置，即$|OP|$等于多少时，$\sin\alpha$，$\cos\alpha$，$\tan\alpha$的表达式更简单？

生：当$r=|OP|=1$时，正弦、余弦的分母为1，$\sin\alpha$，$\cos\alpha$，$\tan\alpha$的表达式可以化简为：

$$\sin\alpha=y,\ \cos\alpha=x,\ \tan\alpha=\frac{y}{x}.$$

设计意图：进一步探究如何使角的三角函数表达式更为简洁，体现了数学的简洁美，也让学生体会到从一般到特殊的数学思想.

师：在这里，我们先补充单位圆的概念. 以原点O为圆心，以单位长度为半径的圆为单位圆. 刚才通过对P点位置的特殊化处理，我们把$\sin\alpha$，$\cos\alpha$的值与角α终边与单位圆交点的坐标画了等号，这又是一个了不起的进步. 这样我们就得到了锐角三角函数的三种表示方法，请同学们认真观察，分析它们各自的特点. 如果让你选择其中一种方法来定义任意角的三角函数，那么你会选择哪一个？

(1)在直角三角形中：$\sin\alpha=\dfrac{对边}{斜边}$，$\cos\alpha=\dfrac{邻边}{斜边}$，$\tan\alpha=\dfrac{对边}{邻边}$；

(2)角α终边上一点$P(x,y)$：$\sin\alpha=\dfrac{y}{r}$，$\cos\alpha=\dfrac{x}{r}$，$\tan\alpha=\dfrac{y}{x}$；

(3)当$r=|OP|=1$时：$\sin\alpha=y$，$\cos\alpha=x$，$\tan\alpha=\dfrac{y}{x}$.

生：我会选第三个方法来定义任意角的三角函数，因为第一种方法需要在直角三角形中，只适合锐角；第二种与第三种方法是用角的终边上的点的坐标来表示角的三角函数，当角在第二、第三、第四象限时也适用，但第三种方法表达形式更简单，所以我会选择第三种方法.

设计意图：如何从锐角三角函数的三种表示方法推广到任意角的三角函数是学生难以理解的，现在把这个问题抛给学生，让他们自己尝试给出任意角的三角函数的定义，引导他们利用类比、合情推理等方法自觉地把锐角三角函数的定义一般化，巧妙地化解了教师讲不明白、学生理解不了的尴尬.

3. 归纳总结，形成定义

设 α 是一个任意角，它的终边与单位圆交于点 $P(x, y)$（见图4）：

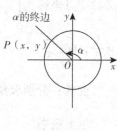

(1) y 叫作 α 的正弦(sine)，记作 $\sin \alpha$，即 $\sin \alpha = y$；

(2) x 叫作 α 的余弦(cosine)，记作 $\cos \alpha$，即 $\cos \alpha = x$；

(3) $\dfrac{y}{x}$ 叫作 α 的正切(tangent)，记作 $\tan \alpha$，即

图4

$\tan \alpha = \dfrac{y}{x}(x \neq 0)$.

教师用几何画板动画演示任意角的三角函数值.

师：刚才我给同学们演示了任意给定角 α 的值，三个三角函数都有唯一确定的值与之对应，而且角 α 的值可以用弧度数表示，正弧度数对应正实数，负弧度数对应负实数，0弧度对应实数0，这样角 α 就与实数一一对应了. 所以正弦、余弦、正切函数都是以角 α 为自变量，以角 α 终边与单位圆的交点的坐标或坐标的比值为函数值的函数. 请同学们注意：角 α 是自变量，那么请问：$\sin \alpha = y$，$\cos \alpha = x$，$\tan \alpha = \dfrac{y}{x}$，它们的定义域分别是什么？

生：正弦、余弦函数的定义域为 $\mathbf{R}$，正切函数的定义域为 $\left\{\alpha \left| \alpha \neq k\pi + \dfrac{\pi}{2}, \right.\right.$

$k \in \mathbf{Z}\}$.

设计意图：对任意角三角函数的理解是本节课的核心内容，初中学生对三角函数是函数的认识比较肤浅，这里用几何画板演示，紧扣函数概念的内涵，突出角与坐标或比值之间的对应关系，让学生充分理解三角函数是以角为自变量的函数，也是在认知上把三角函数知识纳入函数知识结构的关键. 通过以上三角函数概念的构建过程，有效地帮助学生提升直观想象、数学抽象、逻辑推理、数学运算等核心素养.

4. 例题讲解，巩固定义

例1：求 $\dfrac{5\pi}{3}$ 角的正弦、余弦和正切值.

学生口述，教师板书.

解：在直角坐标系中（见图5），作 $\angle AOB = \dfrac{5\pi}{3}$，易知 $\angle AOB$ 的终边与单位

圆的交点坐标为 $\left(\dfrac{1}{2},\ -\dfrac{\sqrt{3}}{2}\right)$，所以 $\sin\dfrac{5\pi}{3}=-\dfrac{\sqrt{3}}{2}$，$\cos\dfrac{5\pi}{3}$

$=\dfrac{1}{2}$，$\tan\dfrac{5\pi}{3}=-\sqrt{3}$.

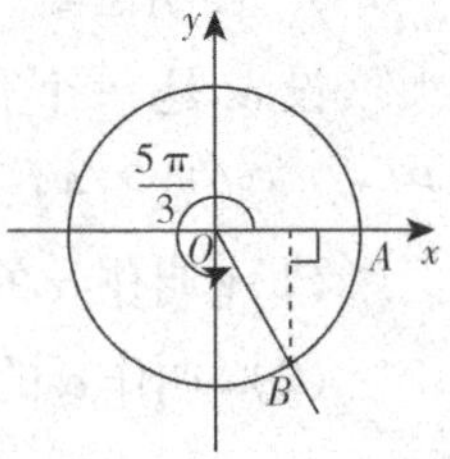

图 5

变式： 分别求角 $\dfrac{7\pi}{6}$，$\dfrac{3\pi}{2}$ 的正弦、余弦和正切值.

生 1 板书.

解： 在直角坐标系中，作 $\angle AOB=\dfrac{7\pi}{6}$，易知 $\angle AOB$ 的

终边与单位圆的交点坐标为 $\left(-\dfrac{\sqrt{3}}{2},\ -\dfrac{1}{2}\right)$，所以 $\sin\dfrac{7\pi}{6}=-\dfrac{1}{2}$，$\cos\dfrac{7\pi}{6}=-\dfrac{\sqrt{3}}{2}$，

$\tan\dfrac{7\pi}{6}=\dfrac{\sqrt{3}}{3}$.

生 2 板书.

解： 在直角坐标系中，作 $\angle AOB=\dfrac{3\pi}{2}$，易知 $\angle AOB$ 的终边与单位圆的交点

坐标为 $(0,\ -1)$，所以 $\sin\dfrac{3\pi}{2}=-1$，$\cos\dfrac{3\pi}{2}=0$，$\tan\dfrac{3\pi}{2}$ 不存在.

例 2： 已知角 α 的终边经过点 $P_0(-3,\ -4)$，求角 α 的正弦、余弦和正

切值.

学生板书.

解： 设 $r=|OP_0|=\sqrt{(-3)^2+(-4)^2}=5$，所以 $\sin\alpha=-\dfrac{4}{5}$，$\cos\alpha=-$

$\dfrac{3}{5}$，$\tan\alpha=\dfrac{4}{3}$.

师：这是三角函数定义的一个重要结论，它实际上是三角函数定义的一般

化形式.

设计意图： 及时安排教材例 1，由学生口述，教师板书，规范解题及画图

步骤，有利于培养学生良好的书写习惯. 变式及例 2 由学生独立完成，教师适

当点拨，有利于检验学生的学习效果，提升学生的数学运算素养，从而进一步

培养学生的创新能力.

5. 思考探究，再认识定义

三角函数在各象限的符号，用"+，-"填空（见图 6）.

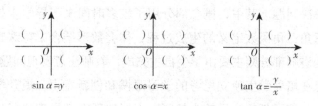

图6

例3：若 $\sin\theta<0$ 且 $\tan\theta>0$，则 θ 为第几象限角？

学生板书.

解：因为 $\sin\theta<0$，所以 θ 的终边在第三象限或第四象限或 y 轴的负半轴上. 又因为 $\tan\theta>0$，所以 θ 的终边在第一象限或第三象限. 所以 θ 为第三象限角.

设计意图：学生自主探究三角函数在各象限的符号并完成例3，有利于帮助学生深度理解三角函数的定义.

6. 课堂小结，凝练升华

师：请同学们来说一说，通过本节课的学习，你获得了哪些数学知识？在获得知识的过程中感悟到了哪些数学思想方法？

生：通过本节课的学习，我掌握了任意角的三角函数的定义，及定义的重要结论；会求特殊角的三角函数值，还知道了各象限角的三角函数符号. 在这个过程中我体会到了类比推理、数形结合、特殊到一般等数学思想和方法.

设计意图：回顾再现是记忆的重要途径，此处引导学生自我整理和概括一节课的学习内容，有助于学生对知识的内化，及时建构知识网络，形成知识体系，培养学生的归纳和概括能力.

【教学反思】

本节课是一节概念课，如果采用教师一言堂的教学方式，重结论、轻过程，就会忽视学生的主体地位，弱化对学生观察、归纳、创新等能力的培养，使学生越来越不明白概念为何而来，从何而来，使得所学的内容只是公式和题目的简单堆积，内容繁多、枯燥乏味，使原本充满生机和美感的数学丧失了它原有的色彩，导致学生学得困难，教师教得辛苦.

新课标提出，教师要把教学活动的重心放在促进学生学会学习上，加强学法的指导. 因此，本节课采用探究式教学法，通过逐级设问引导学生积极思考，发现问题、解决问题. 其中, 概念部分用了较多时间来引导学生探究, 让学生充分体验任意角三角函数定义的生成过程, 体会数形结合、特殊到一般的数学思想; 在例题讲解部分则主要由学生自主完成, 教师注意发现问题, 适当点拨, 及时鼓励, 意在培养学生独立思考的学习习惯和创新意识, 提升学生数学运算的核心素养; 几何画板的演示较为精彩, 很好地帮助学生理解了任意角三角函数是以角 α 为自变量的函数; 例 1 的处理也较为成功, 采用学生口述, 教师规范板书的方法, 给学生做好示范, 教会学生规范作答.

教学过程中也存在一些不足之处: 如在用几何画板演示讲解三角函数定义时, 过于拖沓, 导致后面学生独立思考、合作交流的时间不足; 学情分析仍显不足, 在讲"求已知角的终边与单位圆交点的坐标"时过快, 导致部分基础较弱的学生做变式题时卡在了求"点坐标"的地方. 教学是一门艺术, 我将不断学习新的教学理念, 改进教学方法, 提高教学水平.

(市级公开课)

正切函数的性质与图像

惠州市实验中学　邱礼明

【教材分析】

"正切函数的性质与图像"是新人教 A 版教科书第一册第五章"三角函数"的第 4 节第 3 小节的内容，是对前面已学函数以及三角函数知识的深化运用，是数形结合思想方法的具体体现.

一般来说，对函数性质的研究总是先画图像，通过观察图像获得对函数性质的直观认知，再从代数的角度对性质做出严格表述. 就正切函数而言，新版教科书首先根据已有的知识(如正切函数的定义、诱导公式等)研究性质(周期性、奇偶性)，然后根据已得到的性质研究正切函数的图像，再用图像检验性质. 所以，这节课按照"部分性质(定义域、周期性、奇偶性)→正切函数图像→其余性质(单调性、值域等)"的顺序来组织教学. 这样的处理方法主要是为了引导学生从更多的视角去研究数学问题，并利用函数的性质更加有效地画图和研究图像，加强理性思维的训练，更好地体现数形结合思想.

【学情分析】

从学生的知识基础来看，学生已经学习了函数的概念和性质，并对几个常见的基本初等函数(一元二次函数、指数函数、对数函数、正弦函数、余弦函数等)的图像与性质已经进行了研究，同时，学生对正切函数的定义域、诱导公式、正切线等也已基本掌握，总结了一定的研究函数图像与性质的基本方法，并已经有了初步经验.

从学生的学习心理和思维习惯来看，很多高一年级学生的思维还是停留在初中阶段，没有完成由形象思维向抽象思维的转变，抽象概括能力还比较弱，这对正切函数的奇偶性、单调性等性质的建构造成一定的困难.

这次授课之前，我临时把学生以 6 人为一组的模式编排了座位，方便小组合作、交流学习，这样利于学生主动表达想法，为本节课的自主探究式教学奠定了基础.

【教学目标】

1. 类比正弦函数图像的画法，掌握利用单位圆中的正切线画正切函数的图像的方法.

2. 会用代数方法分析正切函数的性质，能运用几何方法画出正切函数的图像.

3. 体会数形结合的思想方法，发展直观想象、数学抽象、逻辑推理等数学核心素养.

【教学重难点】

重点：利用单位圆中的正切线画正切函数的图像；画正切函数图像的简图，体会图像与 x 轴的交点以及渐近线 $x = \dfrac{\pi}{2} + k\pi\,(k \in \mathbf{Z})$ 在确定图像形状时所起的关键性作用.

难点：由正切函数的图像理解正切函数的性质.

【教学方法】

探究式教学法，运用信息技术(几何画板)辅助教学，自制教具：三角函数演示仪.

【教学过程】

(一)复习引入

1. 如图 1 所示，角 α 的终边与单位圆交于点 P，过点 P 作 x 轴的垂线，垂足为 M，过点 $A(1, 0)$ 作 x 轴的垂线，与角 α 的终边交于点 T，我们把三条与单位圆有关的有向线段 MP，OM，AT，分别叫作角 α 的 _____、_____、_____.

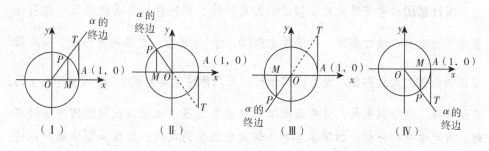

图 1

2. 完成诱导公式：$\tan(x+\pi) = $ _____ $\left(x \in \mathbf{R} \text{且} x \neq \frac{\pi}{2}+k\pi,\ k \in \mathbf{Z}\right)$；

$\tan(-x) = $ _____ $\left(x \in \mathbf{R} \text{且} x \neq \frac{\pi}{2}+k\pi,\ k \in \mathbf{Z}\right)$.

从以上练习中可以找出正切函数的哪些性质？

性质1：正切函数的定义域为 _____.

性质2：（周期性）正切函数是 _____，周期是 _____.

性质3：（奇偶性）正切函数是 _____，其图像关于 _____ 对称.

思考： 你认为正切函数的周期性和奇偶性对研究它的图像及其他性质有什么帮助？

设计意图： 通过练习复习旧知识，也给学生指明寻找正切函数性质的方向.

（二）问题探究

问题1： 类比正弦函数 $y=\sin x$ 的图像的画法，如何画出函数 $y=\tan x$，$x \in \left(0,\ \frac{\pi}{2}\right)$ 的图像呢？（见图2）

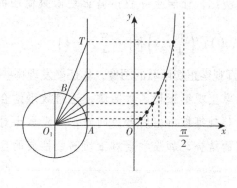

图 2

设计意图： 考查学生对正切函数的定义域、周期性、奇偶性这三个性质综合应用的能力．通过类比，引导学生在 $\left(0, \dfrac{\pi}{2}\right)$ 上画出一些角的正切线，以此画出正切函数的大致图像．复习正切线时，可以使学生意识到 $x \to \dfrac{\pi}{2}$ 时 $y = \tan x$ 的变化情况．用自制教具：三角函数演示仪动态地展示正切函数图像的画图过程时，肯定学生的分析，加深学生对正切函数图像的认识，发现前面所画草图的不足之处．

思考 1： 根据正切函数的周期性和奇偶性，如何画出 $y = \tan x$ 在整个定义域上的图像？

设计意图： 这个问题学生较易回答，"将一个周期内函数的图像左右平移即可得到整个定义域上正切函数的图像"．根据学生的回答中对" $x = \dfrac{\pi}{2} + k\pi (k \in \mathbf{Z})$ "条件的忽略，教师借机指出正切函数的图像由互相平行的直线 $x = \dfrac{\pi}{2} + k\pi (k \in \mathbf{Z})$ 所隔开，且正切函数 $y = \tan x$ 在 $x = \dfrac{\pi}{2} + k\pi (k \in \mathbf{Z})$ 时无意义，所以这些直线被称为"渐近线"．学生也可以从图像中验证正切函数的定义域、奇偶性和周期性，明确正切函数的最小正周期为 π，从而发展学生的直观想象、数学抽象、逻辑推理等数学核心素养，提高思维的严谨性．

思考 2： 类比正弦函数的"五点法"画图，如何快速画出正切函数 $y = \tan x$，$x \in \left(-\dfrac{\pi}{2}, \dfrac{\pi}{2}\right)$ 的简图？应该抓住哪些特点？

设计意图： 运用类比，让学生寻找出画正切函数简图的方法：两线 $x = \dfrac{\pi}{2}$ 和 $x = -\dfrac{\pi}{2}$，三点 $(0, 0)$，$\left(\dfrac{\pi}{4}, 1\right)$ 和 $\left(-\dfrac{\pi}{4}, -1\right)$．

问题 2： 请你认真观察正切函数的图像，你还能发现哪些性质？请你写出来．

设计意图： 引导学生观察正切函数图像，运用数形结合和类比的思想，从值域、单调区间、对称轴等性质出发考虑问题，加深学生对数形结合思想的认识．通过图像和性质的结合，加强学生对正切函数性质的理解和对正切曲线的认识．

(三) 归纳提升

正切函数的性质与图像(见表 1)．

表1

函数	$y = \tan x$
定义域	
周期性	
奇偶性	
值域	
单调性	
图像	

（四）例题巩固

例： 求函数 $y = \tan\left(\dfrac{\pi}{2}x + \dfrac{\pi}{3}\right)$ 的定义域、周期及单调区间.

设计意图： 考查学生运用类比思想解决问题的能力，强化学生对正切函数性质的认识，体会化归与转化思想，发展数学抽象、逻辑推理等数学素养.

（五）课堂小结

本节课你有哪些收获?

（六）作业布置

新人教 A 版必修一 P213 习题第 7 题.

【教学反思】

下面将备课及上课的相关方面反思整理如下：

1. 对教材的处理

"正切函数的性质与图像"是《普通高中课程标准实验教科书·数学 4（必修）》第一章第四节第三课时的内容，也是新版教科书第一册的核心内容，是对前面已学函数以及三角函数知识的深化运用，是数形结合思想方法的具体体现. 教材紧扣课题，先探究正切函数的性质，再画图验证，这与前面对正弦函数、余弦函数的研究恰好相反，这样编写的意图是什么呢?

先看正弦函数，它在定义域 **R** 上是连续的，运用描点法很容易用一条光滑曲线连接起来得到大致图像，甚至由五个关键点就可以画出图像. 而正切函数在定义域 $\left\{x \mid x \neq \dfrac{\pi}{2} + k\pi, k \in \mathbf{Z}\right\}$ 上不连续，在描点连线时必须要考虑 $x \neq \dfrac{\pi}{2} +$

$k\pi$，$k \in \mathbf{Z}$ 的限制. 画图时，是先画一条曲线，再挖去 $x = \dfrac{\pi}{2} + k\pi$，$k \in \mathbf{Z}$ 的点呢？还是考虑图像与直线 $x = \dfrac{\pi}{2} + k\pi$，$k \in \mathbf{Z}$ 逼近呢？如果逼近，图像如何弯曲？这些必将给画图带来不便. 故本节课提出先找出部分性质、后画图像的探究思路，再用图像检验性质. 这样处理，不仅给学生提供更多研究数学问题的视角，而且在性质的指导下，可以更加有效地画图，既加强了理性思考的成分，又使数形结合的思想体现得更加全面.

2．学情分析

学生已经学习了正切函数的定义、单位圆中的正切线、诱导公式、正弦函数的图像和性质等，具备了学习本节课的知识基础，并且在学习基本初等函数时，已形成了稳定的函数研究模式，即先画图、再探究性质. 而本节课却性质优先，为什么这样处理？这样处理的好处是什么？

因此，设计让学生先自主画图，引发思维冲突，在不知对错中寻求解决问题的新办法，既然几何直观不能顺利解决问题，那么能否借助理性推理呢？这样既确定了正切函数的研究思路，又给学生提供了一种全新的思维方法，"一箭双雕"．选择恰当的方法来研究正切函数的性质对学生来说也是一种考验，定义域、周期性、奇偶性用代数推导比较简捷，而单调性、值域、对称性则用几何直观易于得出，教学时应该适时引导，疏通思维障碍，推动课堂教学.

3．教学方法分析

上这节课之前，我根据用三角函数线画图的方法自制了教具：三角函数演示仪，同时结合几何画板演示了图像的生成过程，将传统方法与现代科技相结合，有效地调动了学生学习的积极性.

（市级公开课）

求曲线的方程：与圆相关的动点的轨迹方程

惠州市第一中学 刘 春

【教材分析】

求动点的轨迹方程是解析几何的重点内容之一，也是难点内容之一，它是历年高考重点考查的内容. 它既考查解析几何的基础知识、基本方法的运用，又考查分析问题、解决问题的能力，涉及函数与方程、数形结合、等价转化等数学思想方法，是考查的热点.

例如，2013 年全国 I 卷新课标理科第 20 题：已知圆 M： $(x+1)^2+y^2=1$，圆 N： $(x-1)^2+y^2=9$，动圆 P 与圆 M 外切并与圆 N 内切，圆心 P 的轨迹为曲线 C.

(1)求 C 的方程.

——圆心轨迹是椭圆(少一点).

又如，2011 年广东高考理科第 19 题：设圆 C 与两圆 $(x+\sqrt{5})^2+y^2=4$，$(x-\sqrt{5})^2+y^2=4$ 中的一个内切，另一个外切. (1)求圆 C 的圆心轨迹的方程.

——圆心轨迹是双曲线.

从以上试题看出，动圆圆心的轨迹涉及椭圆、双曲线，内容丰富且重要. 因此，本节课作为探究课，将安排在选修 2－1 的"2.4.2 抛物线的简单几何性质"的教学之后，利用几何画板让学生形象、直观地感受动点的轨迹图形，并深刻体会分类讨论与数形结合的数学思想方法.

【学情分析】

授课的对象为高二理科普通班学生，班上共 53 名同学，分 13 个学习小组，其中一组有 5 名同学，其他组都是 4 名同学．绝大部分学生已经熟练掌握了求曲线方程的一般方法和步骤，能运用数形结合的思想方法解决问题，而且求知欲望强烈，喜欢探求真知，具有积极的情感态度，但由特殊到一般的转化能力还比较薄弱．

【教学目标】

1．能根据不同条件求与圆有关的动点的轨迹方程．

2．能通过独立思考、合作交流的方式探索出不同问题背景下相通的规律和方法，从单元整体角度形成知识、方法体系，发展更高层次的直观想象、数学抽象、逻辑推理、数学运算等数学核心素养．

【教学重难点】

重点：根据不同条件求与圆有关的动点的轨迹方程．

难点：几何性质的灵活运用．

【教学方法】

采用以学生实践探究、合作交流为主，教师指导为辅的"生本"教学模式，并使用几何画板等多媒体辅助教学．

【教学过程】

本节分成三个环节进行授课，即"前置自学""问题探究""知识拓展"．

(一)前置自学

1．一动圆与圆 $x^2+y^2+6x+5=0$ 外切，同时与圆 $x^2+y^2-6x-91=0$ 内切，求动圆圆心的轨迹方程，并说明它是什么曲线．（教材第 50 页习题 B 组第 2 题）

2．设圆 C 与两圆 $(x+\sqrt{5})^2+y^2=4$，$(x-\sqrt{5})^2+y^2=4$ 中的一个内切，另一个外切．求圆 C 的圆心轨迹方程．

3．已知圆 C_1：$(x+3)^2+y^2=1$ 和圆 C_2：$(x-3)^2+y^2=9$，动圆 M 同时与圆 C_1 及圆 C_2 相外切，求动圆圆心 M 的轨迹方程．

4．已知圆 C_1：$(x+3)^2+y^2=1$ 和圆 C_2：$(x-3)^2+y^2=9$，动圆 M 同时与

圆 C_1 及圆 C_2 相内切，求动圆圆心 M 的轨迹方程.

教师活动：布置前置作业.

学生活动：完成前置作业，并在上课初始进行结果展示.

设计意图：数学探究活动是综合提升数学学科核心素养的载体，结合教材，通过设计适合的且具有挑战性的问题，引导学生从一节课跳出来，站在单元整体的高度，发现蕴含在不同背景下的共同的规律和方法. 前置作业的前两题体现了高考题源于课本，动圆与已知圆的相切方式相同，但两定圆的位置关系不同；后两题中动圆与已知圆的相切方式不同，但两定圆的位置关系相同. 前置作业蕴含了本课所研究的问题中两个会变的主线：一个是两定圆的位置关系，另一个是动圆与已知圆的相切方式. 完成前置作业后启发学生思考：如果改变两圆的半径，当两定圆的位置关系不同，相切方式不同时，动圆圆心轨迹怎么变化？从而进入本课的学习主题：求与两圆相切的动圆圆心的轨迹方程. 为了让学生有更清晰的探究思路，我们把探究 1 的前提定为"动圆与两定圆一外切，一内切".

(二)问题探究

探究 1：设圆 C 与两圆 $(x+\sqrt{5})^2+y^2=r_1^2$，$(x-\sqrt{5})^2+y^2=r_2^2$ 中的一个内切，一个外切，求圆 C 的圆心轨迹方程.

教师活动：投影出探究 1，引导学生思考，分组讨论.

问题 1：设圆 $(x+\sqrt{5})^2+y^2=r_1^2$，$(x-\sqrt{5})^2+y^2=r_2^2$ 的圆心分别为 $F_1(-\sqrt{5},0)$，$F_2(\sqrt{5},0)$，两已知圆的位置关系有哪几种？怎样判断？

生：相离，外切，相交，内切，内含. $|F_1F_2|=2\sqrt{5}\approx4.5$，用 $|F_1F_2|$，r_1+r_2，$|r_1-r_2|$ 三者的关系来判断两圆的位置关系.

设计意图：对比前置作业，两圆的半径未定，难度较大，设计问题铺设思维台阶.

问题 2：探究 1 怎么来解决？

生：探究 1 按两已知圆的位置关系来分类解决.

教师活动：利用几何画板来演示动点的轨迹，组织学生讨论，并猜想结论.

(见图1)

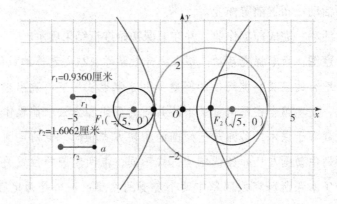

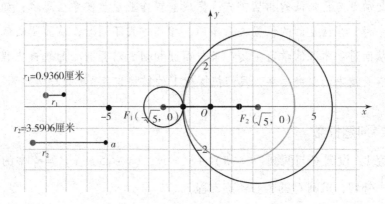

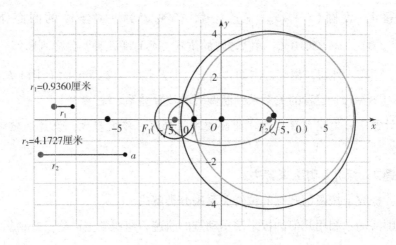

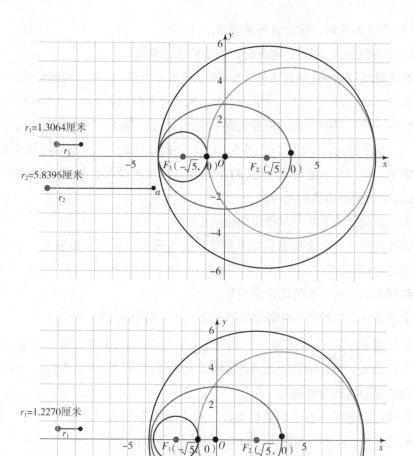

图 1

师：两圆相离时，它们在慢慢靠近的过程中，动圆圆心的轨迹怎样变化？

生：双曲线的开口慢慢变小.

师：两圆外切时，动圆圆心的轨迹是双曲线还是线段？

生：线段.

猜想结论：

（1）两圆相离时，圆心轨迹是双曲线.

（2）两圆外切时，圆心轨迹是线段.

（3）两圆相交、内切、内含时，圆心轨迹是椭圆.

设计意图：让学生通过几何画板粗略感受轨迹类型，猜想当两圆处于不同的位置关系时动圆圆心的轨迹对应的图形，发展直观想象和数学抽象等数学核心素养.

教师活动：组织学生对猜想的结论分组论证：第1，2小组论证结论（1）；第3，4，5小组论证结论（2）；第6，7，8小组论证结论（3）中的两圆相交的情况；第9，10，11小组论证结论（3）中的两圆内切的情况；第12，13小组论证结论（3）中的两圆内含的情况.

学生活动：动手参与对猜想结论的论证.

设计意图：让学生动手参与对猜想结论的论证，渗透大胆猜想、小心论证的解决问题的方法.

教师活动：展示小组论证的成果.

学生活动：以两圆内切时圆心轨迹是椭圆的证明为例，学生讲解.

已知圆 F_1，圆心坐标为 $(-\sqrt{5}, 0)$，半径为 r_1，圆 F_2，圆心坐标为 $(\sqrt{5}, 0)$，半径为 r_2，两圆内切于点 A，动圆 C 与圆 F_1、圆 F_2 一个外切，一个内切，证明动圆圆心轨迹为椭圆.

证明：设动圆圆心 C 的坐标为 (x, y)，半径为 R，

假设 $r_1 > r_2$，圆 C 与圆 F_1 内切，与圆 F_2 外切，

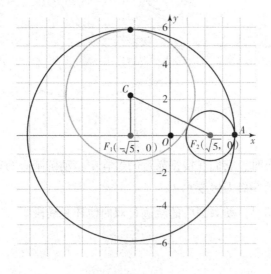

图2

$\therefore |CF_1| = r_1 - R,\quad |CF_2| = r_2 + R,$

$\therefore |CF_1| + |CF_2| = r_1 + r_2$ 为常数,

而圆 F_1 与圆 F_2 内切,故 $|F_1F_2| = |r_1 - r_2| < r_1 + r_2 = |CF_1| + |CF_2|$,

根据椭圆的定义,圆心 C 的轨迹为椭圆(A 点除外).

同理,若 $r_1 < r_2$,则圆 C 与圆 F_1 外切,与圆 F_2 内切,结果相同.

综上,动圆圆心 C 的轨迹为椭圆(两已知圆的切点除外).

学生活动:

1. 当两个已知圆的位置关系不同时,动圆与已知圆一外切一内切的圆心轨迹是什么?

回答:

(1)两圆相离时,圆心轨迹是双曲线;

(2)两圆外切时,圆心轨迹是线段;

(3)两圆相交、内切、内含时,圆心轨迹是椭圆.

2. 通过表格形式总结圆心轨迹的分类情况(见表1):

表1

动圆与已知圆	两个已知圆的位置关系				
	相离	外切	相交	内切	内含
一外切一内切	双曲线	线段	椭圆	椭圆(少一点)	椭圆

(三)知识拓展

探究2:类比得到上述结论的推理过程,思考一下动圆与两定圆都外切,或都内切时,两定圆的不同位置关系下动圆圆心的轨迹.

教师活动:几何画板演示,组织学生讨论,分配小组合作完成填写表格中的空缺内容.

学生活动:观察,猜想结论,证明结论,完成表2.

表2

动圆与已知圆	两个已知圆的位置关系				
	相离	外切	相交	内切	内含
一外切一内切	双曲线	线段	椭圆	椭圆(少一点)	椭圆
都外切					
都内切					

成果展示(见表3):

表3

动圆与已知圆	两个已知圆的位置关系				
	相离	外切	相交	内切	内含
一外切一内切	双曲线	线段	椭圆	椭圆(少一点)	椭圆
都外切	$r_1 = r_2$ 时,直线	双曲线的一支	双曲线的局部	射线(端点除外)	无
	$r_1 \neq r_2$ 时双曲线的一支				
都内切	$r_1 = r_2$ 时,直线	双曲线的一支	双曲线的局部	线段(端点除外)	无
	$r_1 \neq r_2$ 时双曲线的一支				

设计意图:把探究1的知识迁移类比,旨在激发学生的求知欲与求胜欲,拓展学生思维的广度和深度,提升直观想象、数学抽象、逻辑推理、数学运算等数学核心素养的层次.

(四)课后作业

1. 已知圆 M: $(x+1)^2 + y^2 = 1$,圆 N: $(x-1)^2 + y^2 = 9$,动圆 P 与圆 M 外切并与圆 N 内切,圆心 P 的轨迹为曲线 C,求圆 C 的方程.

2. 已知圆 C_1: $(x+3)^2 + y^2 = 9$ 和圆 C_2: $(x-3)^2 + y^2 = 9$,动圆 M 同时与圆 C_1 及圆 C_2 相内切,求动圆圆心 M 的轨迹方程.

【教学反思】

从教材处理来看,这节课以贯彻新课标理念为指导,从单元整体和高中数学解析几何知识体系出发,以教材习题和高考试题为参照,设计了在数学知识、方法上密切相关的问题作为学习主题,是对主题教学积极有效的尝试和探索;有助于学生理解解析几何中的基本思想方法,认识到几何中的"形"与代数中的"数"相辅相成的关系,积极思考解析几何中与圆有关的动点运动规律问题,进一步探索与二次曲线有关的轨迹问题,认识到解析几何不同内容之间规律和方法的相似性.

从教学方法来看,我充分考虑到学生的认知基础和潜力,采用自主探究加合作交流的生本教学模式. 一方面,在学生需要之时伸出援手,源自学生的最近发展区设计问题,起到了激发学生的学习热情,分解复杂问题,引导思考方向的作用. 另一方面，放手让学生充分思考、讨论，解决更复杂的问题，引导学生使用表格、几何画板等有效的方法进行探究，经历数学知识的生成过程，潜移默化地培养学生学习数学的习惯，发展更高层次的数学核心素养.

从教学效果来看，我注意营造宽松的教学氛围，让学生有更多的展示机会，学生参与学习活动的积极性高，小组交流合作默契有效，前置作业和课堂探究成果显著，学生的数学核心素养得到了较好的发展.

从整体来看，教学效果良好，基本实现了预设目标. 但是也发现了一些明显的不足，例如，我提出问题之后，预留给学生的思考和探索的时间不足；学生回答之后，我对学生的评价不够精准. 今后我还要加强学习，多方面提高教学技能.

（惠州市教学比赛获奖）

与圆锥曲线有关的"两个统一"问题

惠州市东江高级中学　王燕霞

【教材分析】

本节内容是一节综合性的知识，是在圆锥曲线学完之后的提升课程，是对教材中几类圆锥曲线的共性的探讨，是对教材所学内容的拓展，是对圆锥曲线统一性的认识.

【学情分析】

学生基于各自独立的圆锥曲线形式和定义的层面上，在学习过程中能够察觉到几类圆锥曲线在定义和形式上很相似，这为我们研究统一性问题做好了铺垫.

【教学目标】

1. **知识与技能目标**

通过"离心率"，从定义上对圆锥曲线进行几何统一；通过"二元二次方程"，对圆锥曲线进行代数统一.

2. **过程与方法目标**

从探究过程中感受从特殊到一般的研究思路和分类讨论的数学思想，培养数学抽象、逻辑推理、数学运算等数学核心素养.

3. **情感价值与态度观目标**

培养学生对数学问题进行探究的兴趣和动力，善于利用 TI 图形计算器解决较难的数学问题.

【教学重难点】

重点：圆锥曲线的定义和方程的统一性认识.

难点：圆锥曲线定义的统一性.

【教学方法】

小组合作探究，个人动手探究.

【教学过程】

课前回顾：

1. 回顾"圆锥曲线"的定义.

2. 回顾"求轨迹方程的一般步骤".

设计意图：复习"圆锥曲线"的定义，为后续课程的开展做好铺垫.

（一）对圆锥曲线定义统一性的探究

1. **引例：**完成以下三道求轨迹方程的题目：

（1）到定点(2，0)的距离与到定直线 $x = -2$ 的距离之比为 1：1 的动点 P 的轨迹方程，并指出该轨迹为什么图形；

（2）到定点(2，0)的距离与到定直线 $x = 8$ 的距离之比为 1：2 的动点 P 的轨迹方程，并指出该轨迹为什么图形；

（3）到定点(2，0)的距离与到定直线 $x = \dfrac{1}{2}$ 的距离之比为 2：1 的动点 P 的轨迹方程，并指出该轨迹为什么图形.

学生活动：学生在 5 分钟之内自己动手在练习本上逐一完成三道题目，然后组内核对答案，得到一个具体的结果.（5 分钟后逐一提问学生每道题的答案，并与全班学生一起核对）

设计意图：复习求轨迹方程的一般步骤，为引出圆锥曲线的另一定义做好铺垫，培养学生的数学抽象能力和计算能力.

问题：针对以上三个题目，逐一核对得到的轨迹方程和比值之间的关系，你能猜想出该比值与圆锥曲线的哪个要素相吻合吗？这是偶然还是必然？

学生活动：学生先独立思考，再与小组内其他同学讨论，得到共同答案（限时 30 秒），然后可抢答.

51

设计意图：鼓励学生勇于发现问题，大胆给出假设，培养学生敢想敢做的数学探究精神。

教师通过 TI 图形计算器现场演示一遍"当定直线在不同位置时，对应动点到定点的距离与到定直线的距离之比为定值"的点的轨迹。

学生活动：学生接收老师发送过来的文件，进行个人或小组的试验探究，通过调整定直线的位置，对比值进行锁定，观察动点的运动变化轨迹。

设计意图：让学生亲身经历发现问题、解决问题的过程，体现个人解决数学问题的能力，激发学生利用现代信息技术解决数学问题的兴趣和动力，培养学生的逻辑推理能力。

2. **问题小结：**活动交流与发言。

学生活动：小组派代表浅谈在刚刚的试验过程中自己小组的探究过程和思路，以及得到的结论。

设计意图：首先，让学生对此结论的产生、发现、解决过程更为熟悉，加深探究印象，增强学生的总结能力；其次，让学生乐于分享自己组内的探究历程，在此过程中培养学生互相交流、思考、合作的团队意识，体会借助工具(TI 图形计算器)解决此类问题的便利性。

3. **课外探究**

数学人教 A 版选修 2 - 1 教材第 81 页第 7 题给出了有关该知识的探究性问题，有兴趣的同学课后可继续探究该问题。

学生活动：学生课外探究数学人教 A 版选修 2 - 1 教材第 81 页第 7 题。

设计意图：培养学生运用所学知识和方法探究相关问题的意识，让学生养成主动思考和学习的习惯，体会数学的价值。

(二)对圆锥曲线方程统一性的探究

回顾：椭圆、双曲线、抛物线三类圆锥曲线的方程。

设计意图：唤醒学生对圆锥曲线方程的记忆，引起问题。

问题：以上三类方程的共性在哪里？都是几元几次方程？

设计意图：引起学生对所探究问题的兴趣。

探究：对于二元二次方程 $mx^2 + ny^2 = 1(mn \neq 0)$，当 m，n 满足什么条件时，该方程表示椭圆、双曲线、抛物线？

学生活动：先个人独立思考，后小组讨论，得到一致性答案(限时两分钟)。

设计意图：让学生在代数形式上对圆锥曲线的共性和个性问题进行探讨，培养学生观察、发现、探究的能力，促进数学抽象、逻辑推理等核心素养的发展.

1. **TI 试验验证**：教师发送 TI 文件到每个学生手中.

学生活动：通过老师发送的文件，观察当 m，n 取不同数值时各自对应的图像(启发学生将"数"与"形"结合起来，将 m，n 与标准方程中的系数进行统一，便于理解和应用结论).

设计意图：通过变量的变化，让学生观察变量在取不同的数值时，对应方程图像的变化情况，将自己的理论推导与实际动态效果结合在一起，体会系数 m，n 对图像的影响，加深对圆锥曲线代数形式与几何图形的统一性的理解.

2. **结论汇总**

教师随机提问一组学生：对于二元二次方程 $mx^2 + ny^2 = 1$ ($mn \neq 0$)，你能得到哪些结论?

当 $m > 0$，$n > 0$ 时：若 $m > n$，则表示焦点在 y 轴上的椭圆；若 $m = n$，则表示圆；若 $m < n$，则表示焦点在 x 轴上的椭圆.

当 $m > 0$，$n < 0$ 时：表示焦点在 x 轴上的双曲线.

当 $m < 0$，$n > 0$ 时：表示焦点在 y 轴上的双曲线.

当 $m < 0$，$n < 0$ 时：不表示任何曲线.

设计意图：提高学生总结、归纳的能力，再次体会系数 m，n 对圆锥曲线的影响，理解代数形式与几何图形的统一.

3. **随堂检测**

练习 1：方程 $mx^2 + (6-m)y^2 = 1$ 表示焦点在 x 轴上的椭圆，则 m 的取值范围为(　　).

A. $m < 0$　　　　　B. $m > 6$　　　　　C. $0 < m < 6$　　　　　D. $0 < m < 3$

练习 2：方程 $ax^2 + (2a+4)y^2 = 1$ 表示焦点在 y 轴上的双曲线，则 a 的取值范围为(　　).

A. $a < 0$　　　　　B. $a > -2$　　　　　C. $-2 < a < 0$　　　　　D. $a > 0$ 或 $a < -2$

学生活动：学生接收老师发送过来的文件，独立进行解答，结束后将答案进行提交.（教师进行汇总分析，对存在的问题进行点评）

设计意图：通过练习检验学生的学习情况，发现存在的问题，并有针对性地解决问题. 应用是检验学习效果的有效途径，利用 TI 图形计算器可以及时了解每个学生对该内容的掌握情况，为教学提供了很大的便利性.

4. 课堂小结

(1)椭圆、双曲线、抛物线定义的统一.

(2)椭圆、双曲线、抛物线方程的统一.

设计意图：提高学生的总结、归纳能力，了解学生对本节课知识的掌握情况.

5. 问卷调查

教师发送以下问题，学生接收.

(1)通过本节课的学习，你觉得 TI 图形计算器对探究"与圆锥曲线有关的问题"的帮助大吗？( ).

A. 非常大　　　　B. 很大　　　　C. 还可以　　　　D. 没有帮助

(2)通过自己亲自动手试验，你觉得 TI 图形计算器对你自身理解和分析图像帮助大吗？( ).

A. 非常大　　　　B. 很大　　　　C. 还可以　　　　D. 没有帮助

(3)若下次再遇到较难的解析几何探究题，你还会尝试用 TI 图形计算器来探究、解决吗？

A. 非常愿意尝试　　　　　　　　B. 可以尝试

C. 不会尝试

设计意图：了解 TI 图形计算器对学生探究本节内容的辅助作用.

【教学反思】

本节内容是学习完圆锥曲线内容的一节复习提升课，主要目标是提升学生数学抽象、逻辑推理、数学运算等数学素养的层次，使学生能够建立起知识和方法之间的内在联系，构建知识体系.

对于圆锥曲线的定义的统一问题，本节课从具体的三个实例出发，通过类比、猜想、归纳得到数学化的结论，即到定点的距离与到定直线的距离之比等于某一常数的点的轨迹是圆锥曲线，其中，该比值为对应圆锥曲线的离心率；对于圆锥曲线的方程的统一问题，本节课把二元二次方程的系数作为切入点，通过举例的方式将其与圆锥曲线的标准方程做对比，进而归纳得出与二元二次方程的系数有关的圆锥曲线类型. 这两个内容的相似之处在于，都是从具体实例入手，对比原有的知识模型，得到另一等价性结论. 在教学的过程中，对学生的数学抽象、逻辑推理、数学运算素养的培养贯穿始终.

　　本节课除了整体把握教学内容，促进数学核心素养培养的连续性和阶段性之外，还非常重视信息技术的运用，对信息技术与数学课程的深度融合做出了积极探索. 通过 TI 图形计算器搭建师生交流、生生交流、人机交流的平台，教师和学生都感受到了更为自主有效的教学和学习方式，尤其是在落实数学抽象素养培养时，TI 图形计算器发挥了十分重要的作用. 对于圆锥曲线定义的统一问题，利用 TI 图形计算器的目的是将几何问题直观地得以呈现，利用 TI 的计算功能去观察相关量之间的关系，进而得到统一性的结论，其作用在于使得三个实例中的抽象几何问题直观化，相关量之间的关系更加明朗化. 对于圆锥曲线方程的统一问题，利用 TI 图形计算器的目的是将二元二次方程的系数通过动态化操作得到与系数正负、大小有关的对应的圆锥曲线，其作用在于通过系数的动态变化得到不同类型的圆锥曲线，而不仅仅是举例得到的具体而有限的二元二次方程，使得结论更为一般化. 在探究学习的过程中，TI 图形计算器的最最重要的作用是让每一个学生都能通过亲自动手操作经历结论产生的具体过程，使得学生对结论的理解和应用更为深刻.

　　回顾本节课，设计问题引导学生把握单元知识内部的有机联系，借助信息技术辅助教学和学习，有利于培养学生思维的灵活性，有利于突破思维障碍点，有利于提高数学核心素养的水平，使学生逐步实现"会用数学的眼光观察现实世界，会用数学的思维思考现实世界，会用数学的语言表达现实世界".

（省级课题研究成果）

柱体、锥体、台体的表面积

惠州市华罗庚中学　黄德华

【教材分析】

本内容是本章节的重点，是高考的一个重要考点，对后面研究几何体的体积、几何体的性质有承上启下的作用．空间几何体的表面积问题是生产、生活中的实际问题．学生通过本节课的学习，能够培养立体几何中的核心思想：空间问题平面化．把空间几何体展开成平面图形，能够培养学生数学建模和直观想象的核心素养．

【学情分析】

学生在初中已经学习了正方体、长方体等特殊的几何体，对特殊几何体的表面积有一定的了解．本节课通过侧面展开图求表面积，学生对几何体侧面展开图的形状的理解可能存在问题．

【教学目标】

1. 知识目标

了解柱体、锥体与台体的表面积公式；能运用公式求解柱体、锥体和台体的表面积．

2. 能力目标

发展直观想象、数学抽象、逻辑推理、数学运算等核心素养，培养数学模型意识，以及空间想象能力．

3. 过程目标

让学生经历几何体的侧面展开的过程，感知几何体的形状，体会转化与化归的思想，掌握解决立体几何问题时将"立体问题平面化"的策略.

【教学重难点】

重点：柱体、锥体、台体的表面积公式的推导与计算.

难点：柱体、锥体、台体的表面积公式的推导.

【教学方法】

采用探究式教学法，注重在实践操作过程中发展学生直观想象的数学素养. 课前布置学生自制纸质常见几何体的模型，课上各学习小组轮流上台展示柱体、锥体、台体的展开图，并推出侧面积和表面积的计算公式，提高学生的动手能力和学习兴趣，增强学生的合作能力.

【教学过程】

(一)创设情境，引入新课

问题1：在初中，我们就学习了正方体和长方体的表面积，以及它们的展开图（见图1），那么你们知道它们的展开图与其表面积的关系吗？

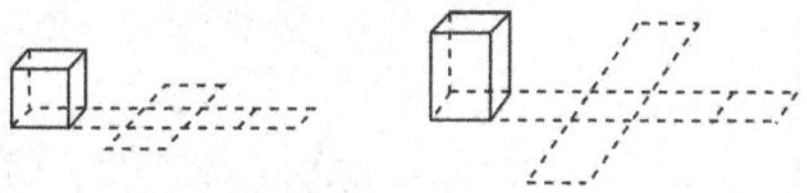

图1

设计意图：创设情境、激发热情，加强学生情感态度与价值观的教育，教师顺势带出主题.

(二)探究柱体、锥体、台体表面积的求法

问题2：棱柱、棱锥、棱台也是由多个平面图形围成的几何体，它们的展开图是什么样的？如何计算它们的表面积？

师：下面请第一学习小组的代表给大家展示正棱柱和圆柱的侧面展开图并给出侧面积和表面积的计算公式（见图2）.

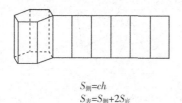

$S_{侧}=ch$
$S_{表}=S_{侧}+2S_{底}$

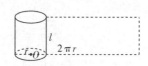

$S_{侧}=2\pi r \times l=2\pi rl$
$S_{表}=2\pi r^2+2\pi rl$

图2

学生上台展示，在学生展示遇到困难时教师在旁边应予以引导并完成下面的表1：

表1

	底面积	侧面积	表面积
正棱柱			
圆柱			
正棱锥			
圆锥			
正棱台			
圆台			

师：下面请第二学习小组的代表给大家展示正棱锥和圆锥的侧面展开图并给出侧面积和表面积的计算公式（见图3）.

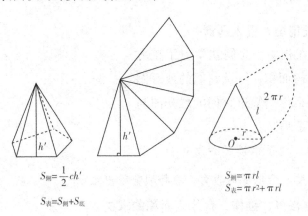

$S_{侧}=\frac{1}{2}ch'$

$S_{表}=S_{侧}+S_{底}$

$S_{侧}=\pi rl$

$S_{表}=\pi r^2+\pi rl$

图3

师：下面请第三学习小组的代表给大家展示正棱台的侧面展开图并给出侧面积和表面积的计算公式（见图4）.

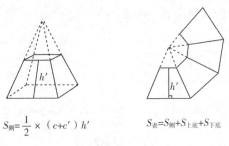

$S_{侧}=\frac{1}{2}\times(c+c')h'$

$S_{表}=S_{侧}+S_{上底}+S_{下底}$

图4

师：下面请第四学习小组的代表给大家展示圆台的侧面展开图并给出侧面积和表面积的计算公式（见图5）.

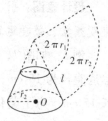

学生活动：每个小组派两个代表，一个展示、一个解说，通过纸制实物几何体探索棱柱、圆柱、棱锥、圆锥、棱台、圆台的展开图的形状，并推导表面积、侧面积计算公式.

$S_{侧} = \pi(r_1 + r_2)l$

$S_{表} = \pi r_1 l + \pi r_2 l + \pi r_1^2 + \pi r_2^2$

图5

教师活动：学生每展示完一个几何体的展开图，教师就给出展开图的动画演示.

设计意图：培养学生动手制作模型的能力，提高学习兴趣，提升数学建模和直观想象的数学素养.

问题3：圆柱、圆锥、圆台的表面积之间有什么关系？

引导学生想象：圆台的上底变小到一个点得到圆锥，圆台的上底变大到与下底全等时得到圆柱，如下：

$$S_{圆柱表} = 2\pi r(r+l) \xleftarrow{r_1=r_2=r} S_{圆台表} = \pi(r_1 l + r_2 l + r_1^2 + r_2^2) \xrightarrow{r_1=0,\ r_2=r} S_{圆锥表} = \pi r(r+l)$$

（三）典例精讲

师：下面让我们体会一下简单多面体的表面积的计算.

例1：如图6，三棱锥 $S-ABC$ 的所有棱长均为 a，各面均为等边三角形，求它的表面积.

教师打出投影片，学生阅读、分析题目，整理思路.

分析：因为三棱锥 $S-ABC$ 的四个面都是全等的等边三角形，所以三棱锥的表面积等于其中一个等边三角形面积的4倍.

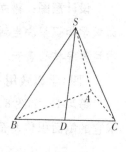

图6

引导学生作答，教师板书解答过程.

解：先求 $\triangle SBC$ 的面积，过点 S 作 $SD \perp BC$，交 BC 于点 D，

$\because BC = a$，$\therefore SD = \sqrt{SB^2 - BD^2} = \sqrt{a^2 - \left(\dfrac{a}{2}\right)^2} = \dfrac{\sqrt{3}}{2}a$，

$\therefore S_{\triangle SBC} = \dfrac{1}{2}BC \cdot SD = \dfrac{1}{2}a \times \dfrac{\sqrt{3}}{2}a = \dfrac{\sqrt{3}}{4}a^2$，

$\therefore$ 三棱锥 $S-ABC$ 的表面积 $S = 4 \times \dfrac{\sqrt{3}}{4}a^2 = \sqrt{3}a^2$.

设计意图：引导学生解决空间几何体问题应与其平面图形建立关系，发展直观想象、数学运算等数学素养．

例2：如图7，一个圆台形花盆盆口的直径为20 cm，盆底直径为15 cm，底部渗水圆孔直径为1.5 cm，盆壁长15 cm．为了美化花盆的外观，需要给花盆表面涂油漆．已知每平方米用100 mL油漆，涂100个这样的花盆需要多少油漆（π取3.14，结果精确到1 mL，可用计算器）？

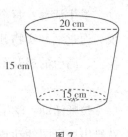

图7

分析：只要求出每一个花盆外壁的表面积，再乘100，就可以求出油漆的用量．花盆外壁的表面积等于花盆的侧面面积加下底面面积，再减去下底面圆孔的面积．

解：由圆台的表面积公式得一个花盆外壁的表面积为：

$$S = \pi \times \left[\left(\frac{15}{2} \right)^2 + \frac{15}{2} \times 15 + \frac{20}{2} \times 15 \right] - \pi \times \left(\frac{1.5}{2} \right)^2 \approx 1000 \, (\text{cm}^2), \quad 1000 \, \text{cm}^2 =$$

$0.1 \, \text{m}^2$．

100个这样的花盆需要油漆 $0.1 \times 100 \times 100 = 1000 \, (\text{mL})$．

答：涂100个这样的花盆约需要1000 mL油漆．

设计意图：树立解决空间几何体问题应与其平面图形建立关系的意识，借助数学知识解决生活中的问题，体会数学知识的应用价值，发展直观想象、数学运算等核心素养．

（四）学以致用

练习1：如图8，正四棱台的上、下底面棱长分别是2和8，侧棱长是5，求它的侧面积和表面积．

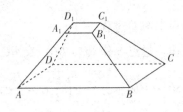

图8

师：第五小组派代表完成练习1.

练习2：思考、判断.

（1）棱台的侧面积可由两个棱锥的侧面积差得出. （　　）

（2）棱台的侧面展开图是由若干个等腰梯形组成的. （　　）

（3）圆台的高就是相应母线的长. （　　）

师：第六小组派代表完成练习2.

练习3：已知圆柱的表面积是它侧面积的2倍，底面直径为4，求圆柱的母线长.

师：第七小组派代表完成练习3.

练习4：如图9，若圆锥的高等于底面直径，则它的底面积与侧面积的比值为_____.

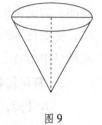

图9

师：第八小组派代表完成练习4.

设计意图： 四个练习由学生小组合作完成，并派代表给同学们讲解，培养学生运用三种语言进行表达的能力，加深对所学知识和方法的理解.

（五）知识和思想方法总结

师：这节课你学到了哪些知识？

生：棱柱、棱锥、棱台、圆柱、圆锥、圆台侧面积、表面积的求法和计算公式.

师：这节课我们接触到哪些数学思想？

师、生共同总结：转化与化归思想——将空间问题转化成平面问题，使空间问题平面化，还有直观想象、数学抽象、逻辑推理、数学运算、数学建模等数学思想.

（六）课后作业

数学人教A版必修2P28习题1.3A组第1，2题.

【教学反思】

从教学方法看，采用了讲练结合、引导学生参与课堂的方法，充分体现了学生的主体地位. 从教材处理看，只讲了几何体的表面积，把体积放在第二课时讲解. 从教学程序看，老师在旁边引导，学生全程都是课堂的主体. 从教学效果看，学生一直沉浸在老师设置的教学情境中，体会了创新、创造的过程，练习的效果比平时要好得多. 但还有以下几点思考：

1. **备课需要钻研教材、教参**

确定了课题后，我认真地看了教材，也研究了教参，确定了教学目标、重点、难点、教学方法. 教学重点的把握不能与教参相差太大；教学难点我认为对于不同的学校、不同的学生在同一节课中有不同的难点，这需要上课老师根据自己学生的情况准确把握. 同样，知识讲解的深度也是如此. 学生的基础不好，柱体、锥体、台体的体积这节课就不讲了，练习的难度也要下降，只做基础的. 为了学生能够更好地接受知识，我经过反复考虑，打乱了教材内容的顺序，把棱柱和圆柱、棱锥和圆锥、棱台和圆台分别放在一块讲解. 这么做不但在教学中节省了时间，而且效果相当好.

2. 备课需要团队合作

一人计短，二人计长. 我们广东省刘宏英名师工作室有十个培养对象，在教学内容安排上，我和工作室成员之间进行了很多交流，讨论了各种安排的好处，也谈到了不足，并请教了几个教学前辈，最终定下教学内容. 在准备的过程中，工作室成员有帮忙制作动画的，有帮忙美化课件的，有帮忙检查课件学案错误的，有帮忙审定有没有知识点错误的……最初的课件与最终的课件相比，改动了一半以上. 所有这些，如果没有团队的支持是很难实现的.

3. 学生的潜力是无穷的

学生的知识基础不太好，学习习惯也一般，但这两天学生的表现让我刮目相看. 上课前一天，我在课堂上将学生分成了八个小组，四个小组制作卡纸模型并推导公式，四个小组做练习. 我考虑到学生的知识水平，让每个小组自己选代表. 学生准备得很认真，结果是我事先准备的模型用不上了，学生做的完全不比我的差，并且第二天在课堂上的表现一个比一个好. 如果我能再多做些课前培训，那么课堂效果会更好.

（市级公开课）

平面向量的实际背景及基本概念

惠州市博罗县博罗中学　宿天婷

【教材分析】

向量是近代数学中重要和基本的数学概念之一,它是沟通代数、几何与三角函数的桥梁,对更新和完善中学数学知识结构起着重要的作用. 向量集数与形于一身,有着极其丰富的实际背景. 在现实生活中随处可见的位移、速度、力等既有大小、又有方向的量是它的物理背景,有向线段是它的几何背景. 向量就是从这些实际对象中抽象概括出来的数学概念. 经过研究,建立起完整的知识体系之后,向量又作为数学模型被广泛地应用于数学、物理等学科及实际生活中解决问题,因此它在整个高中数学中起到联系数形、跨越学科、承前启后的作用.

本节是平面向量的起始课,具有统领全局的作用. 本节是概念课,但重要的不是向量的形式化定义及几个相关概念,而是让学生去体会认识、研究数学新对象的方法和基本思路,进而提高提出问题、分析问题、解决问题的能力.

本节课主要内容包括向量的物理背景与概念,向量的表示,相等向量与共线向量.

【学情分析】

从学生已经学习过的知识来看,他们已经掌握了数的抽象过程、实数的绝对值(线段的长度)、单位长度、0 和 1 的特殊性,还有的学生在物理学科中已经积累了足够多的向量模型,并且在三角函数线内容的学习中(人教 A 版必修 4 第一章三角函数)已经接触到有向线段的概念,从而为本节课的学习提供了知识准备.

从学生现有的学习能力看，学生已经具备了一定的抽象概括能力，因此，可以尝试让学生从实际背景中抽象并概括出向量的概念.

【教学目标】

1. 了解向量的实际背景.

2. 理解平面向量、平行向量、相等向量、共线向量的概念，掌握向量的几何表示，发展数学抽象、逻辑推理等数学核心素养.

3. 经历平面向量及其相关概念的形成过程，初步体会学习新概念的基本思路.

【教学重难点】

重点：向量的概念，相等向量的概念，向量的几何表示.

难点：向量的概念和共线向量的概念，向量的几何表示的形成过程.

【教学方法】

问题引导教学法，启发式教学，小组合作学习.

本节课的难点是平面向量的概念，共线向量的概念，向量的几何表示的形成过程，突破方法主要是：

1. 创设问题情境，让学生从初步感悟生活中既有大小又有方向的量开始，逐步增加信息，以期达到上升到理性认识所需要的信息量.

2. 学生适度模仿抽象数量概念的过程，从同类事物中抽象概括得到向量的概念.

3. 学生通过寻找向量和数量的区别，进一步理解向量的概念；引导学生类比思考，让学生将已学习过的直线(或线段)平行和共线与共线向量这一新知识之间建立联系.

4. 类比数的表示引出向量几何表示的必要性，从特殊向量(力)的有向线段表示推广到一般向量的几何表示，用直观的有向线段表示抽象的向量. 在本节课的教学中，主要是以问题引领过程，通过教师引导、学生提问、师生交流、学生合作举例，让学生自主建构向量和共线向量的概念. 这样做可使学生经历新概念产生的过程，从总体上认识新知识与原有知识的联系，在过程中感受学习新概念、解决新问题的方法.

【教学过程】

(一)创设情境,建构概念

引例:教师播放海草舞,师生共舞.

设计意图:通过学生熟悉的情境引发学生思考. 由歌曲中的"随波飘摇"引出力是一个既有大小又有方向的量.

问题:你能否再举出一些既有大小又有方向的量?

设计意图:激活学生已有的相关经验,进一步直观演示,加深印象.

追问:有没有只有大小没有方向的量?

设计意图:通过对比,突显向量的两大要素.

教师介绍文化背景:物理学中很多与方向、大小相关的量在科学研究中起到很大作用,没有它们,科学将寸步难行. 为了更好地运用它们解决问题,物理学家们向数学家们提出问题:这类既有大小又有方向的量究竟具有什么特性? 希望在数学上得到清晰的回答.

设计意图:让学生从历史的角度认识平面向量的产生背景,让学生体会抽象的数学概念不是凭空出现的,是有历史渊源的,增加向量与现实的联系,脱去数学概念"神秘的外衣".

(二)几何表示,理解概念

学生活动:完成任务单一.

(1)请画:试在图 1 和图 2 中画出物体 A 受到的重力 10 N 和木块 B 受到的浮力 10 N.

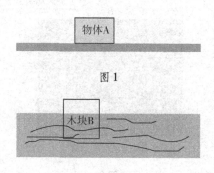

图 1

图 2

(2)请回答:表示物体 A 和木块 B 所受力大小的线段哪个更长? 方向有差异吗? 为什么?

(3)对于一个实数,可以用数轴上的点表示;对于一个角的正弦、余弦和正切值,可以用三角函数线表示……数学中有许多量都可以用几何方式表示,你认为什么样的几何方式表示向量最合适?

(4)类比线段的字母表示法,猜想向量的字母表示法:线段可以用两个大写英文字母表示,例如线段 *AB*,那么既有大小又有方向的向量该如何用字母表示呢?

(5)向量的大小该如何刻画呢? 在向量这个大家庭中有没有大小比较特殊的向量呢?

设计意图:这节课以任务单一拉开了研究向量的序幕,起到了先行引导的作用,激发了学生利用已有知识解决问题的欲望,为本节课乃至以后的学习起到了铺垫的作用. 在这张任务单中,以一系列处于学生"最近发展区"的问题串为主线,为学生创设了一个开展动手实践、自主探究、合作交流等活动的平台,激发学生通过观察、思考、相互讨论,逐步抽象并完善向量的概念.

插入数学文化:最先使用有向线段表示向量的是英国大科学家牛顿.

设计意图:切入丰富的数学文化内容,注重数学知识的发展历史,旨在用历史信息来描述数学内容,为枯燥的数学符号的学习增添无尽的色彩,增加学生学习数学的热情和兴趣.

(三)探究实例,引出关系

学生活动:完成任务单二.

观察图 3,回答下列问题.

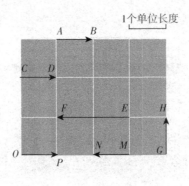

图 3

图中哪些向量是单位向量?

图中哪个向量不是单位向量?

$\overrightarrow{AB}$，$\overrightarrow{CD}$，$\overrightarrow{EF}$这三个向量的方向有何关系？

$\overrightarrow{AB}$，$\overrightarrow{CD}$，$\overrightarrow{EF}$所在的线段之间的位置关系是什么样的？

归纳结论：

什么是平行向量？

平行向量记作：_____．

零向量与_____向量平行，记作_____．

设计意图：通过数学抽象，引导学生亲身经历新知识产生的过程，有益于培养学生的认知能力与抽象能力．通过问题引导让学生透过现象看到本质，帮助学生由被动学习变为主动学习．

（四）辨析概念，例题互动

例1：判断下面的说法是否正确．

(1)向量的模的取值范围是$(0，+\infty)$． 　　　　　　　　（　　）

(2)若a与b都是单位向量，则$|a|=|b|$． 　　　　　　（　　）

(3)若$a//b$，则a与b的方向相同． 　　　　　　　　（　　）

(4)物理学中的作用力与反作用力是一对相等向量． 　　　（　　）

(5)若$|\overrightarrow{AB}|\neq0$，则$\overrightarrow{AB}=\overrightarrow{BA}$． 　　　　　　　（　　）

设计意图：本节概念较多，容易混淆，这5个概念辨析题的设置基本上涵盖了本节中所有的新概念以及易错点，在辨析的过程中加强学生对概念的理解与记忆，发展逻辑推理的数学核心素养．

例2：如图4，设O是正六边形$ABCDEF$的中心，分别写出图4中与$\overrightarrow{OA}$，$\overrightarrow{OB}$，$\overrightarrow{OC}$相等的向量．

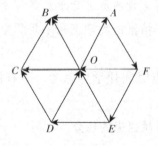

图4

设计意图：让学生在寻找相等向量的过程中进一步体会相等向量的概念．

变式：如图5，设O是正六边形$ABCDEF$的中心，请在图中作出与$\overrightarrow{OA}$共线的向量.

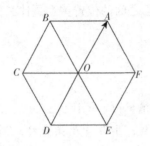

图 5

设计意图：学生分小组讨论，通过合作学习，进一步体会共线向量的概念以及共线向量和相等向量的区别，发展数学抽象的核心素养.

（五）课堂小结，作业布置，学生质疑

课堂小结：

师：有哪位同学能够回答一下本节课我们都学习了哪些新的概念？

设计意图：由学生总结概括本节课所学习的主要内容，教师加以提炼，并总结学习新概念的基本思路.

作业布置：

(1)人教 A 版必修 4 教材第 77，78 页习题 2.1A 组第 1，3 题；B 组第 2 题.

(2)思考题：平行向量与平行线段的区别与联系.

(3)阅读人教 A 版必修 4 教材第 78 页《向量及向量符号的由来》.

设计意图：面向全体学生布置作业，旨在复习巩固向量及其相关概念；学生通过自己阅读材料，了解向量的历史背景及其符号的来源，从历史的角度认识向量及其符号，体会高度抽象的数学概念不是凭空出现的，激发学生的学习兴趣.

学生质疑：给学生一点时间让学生思考一下有没有什么问题需要提出质疑的.

设计意图：培养学生质疑探究的能力.

【教学反思】

本节课是平面向量的第一节课，也是概念课，对于概念的理解既是重点，也是难点. 本节课以教师为主导、学生为主体、课本为主线开展教学. 教师能够激发学生的求知欲，为学生创设探索问题的情境，指引探索的途径，引导学生不断地提出问题并解决问题. 为了帮助学生建立向量的概念，本节课把数与形的概念类比，在学生已有的经验中，引导他们经历从具体事例中领悟向量的概念，类比数的概念得到向量的概念，让学生从中体会到认识一个数学概念的基本思路，而不是仅仅认识到平面向量这一个数学概念，从而培养了学生的数学抽象和直观想象能力，提高了学生的数学核心素养，这是本节课的核心目标. 这节课力求让学生了解向量概念的背景和形成过程，明白为什么要引入这个概念，并通过类比和讨论，逐步得到向量的定义、向量的表示以及特殊向量. 整节课都有学生的充分参与，再加上教师恰当的引导，让学生在质疑和反思的教学过程中深化对概念的理解，让本节课的主要内容成为学生自己主动思维的结果，培养了学生的实践能力和创新精神.

本节课非常重视向量的概念与数和形的相关概念的类比与联系，我让学生大胆概括总结，并引导学生从具体实例中领悟向量概念的本质特征. 在向量的几何表示中，学生积极探索，教师辅助引导，让学生最终明确向量的几何表示方法. 这个教学过程学生的参与度很高，热情也很高，课堂气氛非常活跃. 在学生理解了向量的概念后，教师又适时引导，从向量的概念自然过渡到单位向量、相等向量和平行向量的概念上. 本节课从热门歌曲《海草舞》引入，以学生自主探究的方法教学，让学生在轻松愉悦的课堂氛围中探索、发现、讨论、分析问题，从而顺利完成本节内容的学习. 这是一节让学生参与对概念的本质特征进行概括的数学概念课，给学生的学习带来无限生机，提高了学生的实践能力，培养了学生的创新精神.

（市级公开课）

直线的方向向量与平面的法向量

惠州市龙门县龙门中学　王富美

【教材分析】

本内容是高考的一个必考考点，对用向量研究简单几何体各要素间的关系，以及求角、距离等有奠基的作用．学生通过本节课的学习，能够培养把向量作为工具来解决立体几何问题的几何思想．学生通过数形结合思想的运用，能够培养直观想象、逻辑推理和数学运算的核心素养．

【学情分析】

在学习本节课之前学生已经具备了空间向量与立体几何的相关知识，所以本节课是通过这些知识来理解空间的几何元素直线、平面的位置的向量表示，并且用向量及其运算表示线线、线面、面面间的平行与垂直的位置关系．

【教学目标】

1．知识目标

理解直线的方向向量和平面的法向量；会用向量及其运算表示线线、线面、面面间的位置关系．

2．能力目标

培养学生空间想象能力和计算能力，提高直观想象和数学运算的核心素养．

3．过程目标

让学生体会把几何问题转化为向量问题的优势，培养转化、化归能力，培养学生逻辑推理和数学运算的核心素养．

【教学重难点】

重点：直线的方向向量、平面的法向量.

难点：用向量及其运算表示线线、线面、面面间的平行与垂直关系.

【教学方法】

采用探究式教学法，把传统教学与现代多媒体信息技术相结合，以问题链为导向，引导学生自主探究，得到用向量方法表示平行、垂直关系的结论，并由学生自主归纳小结.

【教学过程】

(一)问题情境

问题1：如何用向量确定一个点在空间中的位置？

设计意图：从构成空间几何体最基本的元素——点的向量表示开始，激发学生学习的热情，树立学生的自信心，引出学生学习的欲望.

学生通过 PPT 展示直观感受并回答空间中点的位置的向量确定法.

以 O 为基点，点 P 的位置向量是_____.

问题2：空间直角坐标系中点与向量的关系如何？

(1)若点 $P(x, y, z)$ 确定，其位置向量 $\overrightarrow{OP} =$ _____.

(2)若向量 $\overrightarrow{OP} = (x, y, z)$ 确定，则点 P 的坐标是_____.

设计意图：让学生意识到坐标是向量运算的灵魂.

问题3：如何用向量确定直线在空间中的位置？

(1)在平面内可以用_____来刻画直线的方向.

(2)在空间中可以用_____来表示直线的方向.

设计意图：由平面内直线的方向向量引出空间中直线的方向向量，是运用类比思想探究新知的数学学习方法，让学生体会由平面向量到空间向量只是从二维到三维的拓展与延伸.

问题4：什么是直线的方向向量？有什么特征？

(1)在直线上取方向向量 $\overrightarrow{AB}$，直线上任意一点 P 如何通过 $\overrightarrow{AB}$ 来表示？

(2)直线的方向向量与其位置的结论是：_____和_____既可以确定直线的位置，也可以具体表示直线上任意一点.

设计意图：通过动画展示，学生探究讨论，加深对平面与空间中直线方向向量表示的理解，发展直观想象、数学抽象等核心素养.

练习1：设 a，b 分别是直线 l_1，l_2 的方向向量，根据下列条件，判断 l_1，l_2 的位置关系.

(1) $a = (2, -1, -2)$，$b = (6, -3, -6)$.

(2) $a = (1, 2, -2)$，$b = (-2, 3, 2)$.

(3) $a = (0, 0, 1)$，$b = (0, 0, -3)$.

设计意图：学生巩固定义之后，进行一组直线方向向量简单应用的即时训练，加深学生对直线方向向量的理解，培养学生分析、解决问题的能力，以及逻辑推理能力.

问题5：如何用向量确定平面在空间中的位置.

方法1：用平面向量基本定理表示平面内的任一向量：＿＿＿＿＿＿＿＿＿＿．

方法2：类似于直线的方向向量，如何用向量来刻画平面的"方向"，这些向量与平面的关系是什么？

设计意图：回顾旧知，通过动画展示，再次运用类比思想引出法向量.

问题6：填空.

(1) 平面的法向量是＿＿＿＿＿＿＿＿＿＿＿＿＿＿＿＿＿＿＿＿＿＿＿＿＿．

(2) 平面的法向量是唯一的吗？它们之间的关系是＿＿＿＿＿＿＿＿＿＿＿．

(3) 平面的法向量与其位置的结论是：＿＿＿＿＿＿和＿＿＿＿＿＿可以确定平面的位置.

设计意图：加深学生对法向量的认识，建立向量和立体几何间的联系.

（二）探究新知

设直线 l，m 的方向向量分别为 a，b，平面 α，β 的法向量分别为 u，v.

探究1：平行关系

线线平行：$l // m \Leftrightarrow$＿＿＿＿＿＿＿＿＿＿＿＿＿；

线面平行：$l // \alpha \Leftrightarrow$＿＿＿＿＿＿＿＿＿＿＿＿＿；

面面平行：$\alpha // \beta \Leftrightarrow$＿＿＿＿＿＿＿＿＿＿＿＿＿．

探究2：垂直关系

线线垂直：$l \perp m \Leftrightarrow$＿＿＿＿＿＿＿＿＿＿＿＿＿；

线面垂直：$l \perp \alpha \Leftrightarrow$＿＿＿＿＿＿＿＿＿＿＿＿＿；

面面垂直：$\alpha \perp \beta \Leftrightarrow$＿＿＿＿＿＿＿＿＿＿＿＿＿．

设计意图： 教师展示 PPT，让学生自主探究，得出平行、垂直关系的向量表示，理解知识，加深印象，发展直观想象、数学抽象和逻辑推理等数学核心素养.

练习2： 设平面 α，β 的法向量分别为 u，v，根据下列条件判断 α，β 的位置关系：

(1) $u = (0, 0, 1)$，$v = (1, 1, 0)$.

(2) $u = (1, 1, -1)$，$v = (-2, -2, 2)$.

(3) $u = (4, 5, 1)$，$v = (1, -2, 6)$.

设计意图： 通过一组平面位置关系简单应用的即时训练，让学生理解和巩固知识，培养学生分析、解决问题的能力，发展逻辑推理的数学核心素养.

练习3： 用向量方法证明面面平行的判定定理.

定理： 一个平面内的两条相交直线与另一个平
面平行，则这两个平面平行.

已知： 如图，直线 l，m 和平面 α，β，其中 l，
$m \subset \alpha$，l 与 m 相交，$l /\!/ \beta$，$m /\!/ \beta$. 求证：$\alpha /\!/ \beta$.

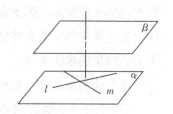

思考1： 如何用向量确定直线、平面的位置？

_____.

思考2： 由条件 $l /\!/ \beta$，$m /\!/ \beta$ 可以得到什么结果？

_____.

思考3： 平面 α 的位置能用 l，m 的方向向量表示吗？

_____.

设计意图： 该题是教材中的例题，知识比较抽象，通过三个思考给学生提示，有助于降低学生的思维难度.

(三) 课堂小结

1. 直线的方向向量.

2. 平面法向量的定义.

3. 平行与垂直的向量表示.

设计意图： 学生自己总结、梳理知识，巩固新知识，培养良好的数学学习习惯.

(四) 布置作业

人教 A 版选修 2 - 1 教材 P104 练习第 2 题，P112 习题 3.2A 组第 2 题.

【教学反思】

我通过本节课的教学意识到，要想上好一节课必须在上课前对教案和课件进行认真的推敲，反复的修改，与不同层次的教师和学生交流沟通，听取不同的意见，在此过程中产生思想的碰撞. 在交流中我提高了对该节课内容的认识，让我对该节内容理解得更加透彻，使我知道如何去措辞对理解概念有利，怎样引导更有利于学生接受知识，同时对预设问题的提出和解决有了更加充分的准备.

本节课基本完成教材内容，对内容的处理也比较恰当. 但是，由于我对学情把握得不够深入，因此部分内容有待改进. 例如，平行、垂直的关系在教学中没有全部让学生亲自体会其向量表示；由于课程时间比较紧，因此没有提及平面法向量的求法等等.

本节课为概念课，对概念课的教学需要做好如下几点：

(1)上好一节概念课必须要认真钻研教材，对教材中的每一个字都要进行仔细的研究，认真的琢磨，这样才能够对概念有比较准确的理解.

(2)对教材中的思考、探究活动进行深入的理解，了解和体会编者的意图，想清楚编者为什么要这样设计，这样设计的好处是什么？这样设计能够培养学生什么样的能力？这些能力的培养是怎么体现的？只有把这些问题弄清楚才能准确地完成教学目标.

(3)用向量的方法证明"面面平行的判定定理"是本节课的难点，也是本节课所学内容的应用，体现了用定点和直线的方向向量表示直线的位置，用定点和法向量表示平面的位置，用定点和两个不共线的向量表示平面的位置，用向量表示线线平行和垂直，用向量表示线面、面面平行和垂直. 对于该例题难点的处理我采取了分散难点、层层递进、顺藤摸瓜的方法.

（市级公开课）

直线与圆的位置关系

惠州市惠东高级中学　刘德伟

【教材分析】

圆在平面解析几何乃至整个中学数学中都占有重要的地位，学习直线和圆的位置关系是对直线与圆相关知识的综合运用，是在直线方程和圆的方程的基础上进行的，为后续学习圆和圆的位置关系、直线与圆锥曲线的位置关系提供知识和方法上的准备．

【学情分析】

学生在初中阶段已经学习了直线与圆的几何知识，能够解决一些基本问题，但是因为距离学习此知识点的时间比较长，所以有些知识已经淡忘，特别是对某些几何性质的认识比较模糊．另外，学生对知识的掌握也不够熟练，规律方法缺乏系统性．所以这节课先通过典型题目复习基本知识，总结常见规律，再设置一个难度稍大、比较综合的题目，深化认识，统一方法．

【教学目标】

1. 从具体的事例中认识和理解直线与圆的三种位置关系并能概括其定义，会用定义判断直线与圆的位置关系；会求直线与圆相交的弦长．

2. 引导学生通过观察、分析、对比，找出圆心到直线的距离和圆的半径之间的数量关系，揭示直线和圆位置关系的几何特征；通过直线与圆的相对运动，培养学生运动变化的辩证唯物主义观点；通过对研究过程的反思，进一步强化对分类和归纳的思想的认识，发展数学抽象、直观想象、逻辑推理等核心素养．

【教学重难点】

重点：理解直线与圆相交、相离、相切三种位置关系的判定方法，理解直线与圆的相交弦的弦长公式.

难点：根据圆心到直线的距离 d 与圆的半径 r 之间的数量关系判断直线与圆的位置关系.

【教学方法】

采用问题探究的教学法，用环环相扣的问题将探究活动层层深入，使学生的思维保持活跃，在不断的思考中掌握知识点；借助几何画板等信息技术动态展示直线与圆的位置关系的变化过程；通过直线与圆的方程从"数"的角度研究几何特征，渗透数形结合的数学思想方法.

【教学过程】

(一)问题情境

问题1：直线与圆的位置关系有几种？在平面几何中，我们怎样判断直线与圆的位置关系呢？

设计意图：从已有的知识经验出发，建立新旧知识之间的联系，构建学生学习的最近发展区，引入课题.

教师活动：引导学生回忆判断直线与圆的位置关系的思维过程，可以展示下面的表1，使结果直观、形象.

表1

直线与圆的位置关系	公共点个数	d 与 r 的关系	图形
相交	两个	$d < r$	
相切	一个	$d = r$	
相离	没有	$d > r$	

问题2：如图1，请你判断直线 CD 与圆 O 的位置关系.

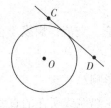

图1

设计意图： 借助几何画板作图，让学生感受几何问题需要量化，为后续用坐标法解决问题做铺垫.

师：你是如何判断出上述图形中直线和圆相切的？

生：我是看出来的.

师：要是这样呢？（展示图2）你也能看得出来吗？

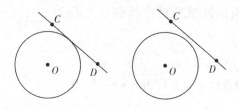

图2

生：有的情形是观察不清楚公共点个数的，那就要用圆心到直线的距离与半径做比较来判断.

师：如何去比较呢？图中圆心到直线的距离怎么得到？半径又如何得到？

生：直线、圆都有方程，那么我们就可以通过两个方程计算出圆心到直线的距离以及圆的半径.

师：非常好！但是写出方程的前提是建立坐标系.

（二）直线与圆的位置关系的判断

一艘轮船在沿直线返回港口的途中接到气象台的台风预报：台风中心位于轮船正西 70 km 处，受影响的范围是半径为 50 km 的圆形区域. 已知港口位于台风中心正北 70 km 处，如果这艘轮船不改变航线，那么它是否会受到台风的影响？

设计意图： 让学生感受台风这个实际问题中所蕴含的直线与圆的位置关系的知识点，思考解决问题的方案. 通过实际问题的解决，让学生体会生活中的数学，突出研究直线与圆的位置关系的重要意义，从而渗透数学抽象、数学建模等核心素养.

教师活动：让学生进行讨论、交流，启发学生由图形获取判断直线与圆的位置关系的直观认知.

师：怎么判断轮船受不受影响？

生：判断台风所在的圆与轮船航线所在的直线是否相交.

问题3：你能根据直线与圆的方程判断它们之间的位置关系吗？

设计意图：引导学生用直线与圆的方程判断直线与圆的位置关系，体验坐标法、数形结合的数学思想方法.

师：要求圆与直线的方程，首先要建立坐标系，那么如何建立坐标系？

生：以台风中心为原点 O，以东西方向为 x 轴，建立平面直角坐标系，其中，取 10 km 为单位长度（如图3），

则台风影响的圆形区域所对应的圆的方程为

$x^2 + y^2 = 25$，

圆心 $O(0，0)$，半径为 5，

轮船航线所在的直线 l 的方程为 $x + y - 7 = 0$.

因为 $d = \dfrac{7}{\sqrt{2}} < 5$，所以直线与圆相交.

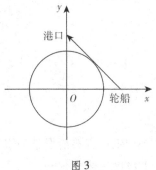

图3

问题4：这是利用圆心到直线的距离 d 与半径 r 的大小关系判断直线与圆的位置关系（称此法为"dr 法"），请问：用"dr 法"判断直线与圆的位置关系的一般步骤是什么？

设计意图：对判断直线与圆的位置关系的步骤进行小结，对知识进行梳理，使学生有"操作规则"，培养其归纳能力，同时渗透了数学运算的素养.

教师活动：引导学生分析、归纳：

(1)建立平面直角坐标系.

(2)求出直线方程、圆心坐标与圆的半径 r.

(3)求出圆心到直线的距离 d.

(4)比较 d 与 r 的大小，确定直线与圆的位置关系.

① 当 $d > r$ 时，直线与圆相离.

② 当 $d = r$ 时，直线与圆相切.

③ 当 $d < r$ 时，直线与圆相交.

问题5：如果从有无公共点角度来判断直线与圆的位置关系，该如何解答呢?

设计意图：引导学生联立方程组成方程组，根据方程组的解的情况来判断直线与圆的位置关系.

生：联立方程组 $\begin{cases} x^2 + y^2 = 25, \\ x + y - 7 = 0, \end{cases}$

消去 y，得 $x^2 - 7x + 12 = 0$，

因为 $\Delta = 49 - 4 \times 12 = 1 > 0$，

所以方程组有两组解，所以直线与圆相交.

问题6：根据方程组是否有解来判断直线与圆的位置关系的步骤如何?

设计意图：对根据方程组是否有解来判断直线与圆的位置关系的步骤进行小结，使学生有"操作规则"，发展其逻辑推理的数学素养.

教师活动：引导学生分析、归纳：

(1)将直线方程与圆的方程联立组成方程组.

(2)通过消元，得到一个一元二次方程.

(3)求出其判别式 Δ 的值.

(4)判断 Δ 的符号：若 $\Delta > 0$，则直线与圆相交；若 $\Delta = 0$，则直线与圆相切；若 $\Delta < 0$，则直线与圆相离.

(三)例题示范

例1：已知直线 l: $3x + y - 6 = 0$ 和圆心为 C 的圆 $x^2 + y^2 - 2y - 4 = 0$.

(1)判断直线 l 与圆的位置关系.

(2)如果直线 l 与圆 C 相交，求它们交点的坐标.

设计意图：巩固判断直线与圆的位置关系的方法，使学生体验用坐标法研究直线与圆的位置关系的思路，以数辅形.

师生活动：教师引导学生分析、解答.

分析：判断直线与圆的位置关系有两种方法：一是判断它们组成的方程组的实数解的个数；二是判断圆心到直线的距离与半径大小的关系.

(四)弦长问题

例2：在例1的基础上求直线 l 与圆 C 相交的弦 AB 的长度.

设计意图：探究当直线与圆相交时，求弦长的方法.

教师活动：引导学生思考可能有两种方法：第一种是已经求出两个交点的坐标分别是 $A(2, 0)$，$B(1, 3)$，可用两点间距离公式求线段 AB 的长；第二种是构造直角三角形，先求弦心距，再求弦长.

例 3：已知过点 $M(-3, -3)$ 的直线 l 被圆 $x^2 + y^2 + 4y - 21 = 0$ 所截得的弦长为 $4\sqrt{5}$，求直线 l 的方程.

学生活动：先独立解决，然后阅读教材，规范解题过程.

教师活动：针对结果提出问题：能否结合图形解释一下为什么斜率会有两个值？

变式：若所截得的弦长为 8，求直线 l 的方程.

设计意图：如果学生对直线的分类了解不完全的话，就会只求出直线的点斜式方程 $y + 3 = -\dfrac{4}{3}(x + 3)$，而遗漏直线 $x = -3$. 设置此变式的目的还是使学生关注分类的"不重不漏"的原则.

学生活动：学生解答，并解释出错原因.

(五) 课堂小结

(1) 判断直线与圆的位置关系有哪些方法？

(2) 当直线与圆相交时，如何求弦长？

设计意图：巩固所学知识，培养学生归纳、概括能力，发展其逻辑推理的核心素养.

师生活动：学生思考，教师引导，总结出判断直线与圆的位置关系的方法、步骤，以及弦长的求法.

(六) 课后作业

人教 A 版必修 2 P132 ~ 133 习题 4.2 A 组第 1，3，5，6 题，B 组第 3 题.

【教学反思】

从教学方法看，在本节课中，我首先由学过的点与圆的位置关系引入直线与圆的位置关系的课题，然后让学生探究发现直线和圆的三种位置关系，通过作图、几何画板演示的方式给出定义. 接下来联系生活实际，学生会发现日常生活中存在的直线和圆相交、相切、相离的现象，紧接着回顾判断点与圆位置关系时用数量关系来判断的方法，引导学生探究直线与圆的位置关系是否也可以用数量关系和直线与圆的交点个数来判断. 直线与圆有三种位置关系：①直线与圆相交，有两个公共点；②直线与圆相切，只有一个公共点；③直线与圆相离，没有公共点．总结完判断方法后给出例题，让学生在解题的过程中理解解析几何初步的基本思想：先将几何问题代数化，用代数的语言描述几何要素及其关系，进而将几何问题转化为代数问题；再处理代数问题，分析代数结果的几何意义，最终解决几何问题．

从对教材的处理看，通过教材例题的学习可以发现，判断直线与圆的位置关系有两种方法：一是判断它们组成的方程组实数解的个数，如果方程组有两组实数解，则直线与圆相交；如果方程组只有一组实数解，则直线与圆相切；如果方程组无实数解，则直线与圆相离．二是判断圆心到直线的距离 d 与半径 r 的大小关系：当 $d < r$ 时，直线与圆相交；当 $d = r$ 时，直线与圆相切；当 $d > r$ 时，直线与圆相离．

从教学过程看，本节课充分体现了新课标中"学生是学习的主体，是发展的主体"的理念．本节课通过教师演示多媒体动画，学生作图、讨论，使课堂收到了很好的效果，也轻松突破了本节课的难点．我将课堂的主动权交给学生，以"探究过程，探究方法，探究结果，运用结果"为主线安排教学进程，重视学生主动参与、亲自研究、动手操作、体验学习知识的过程，在创设机会引导学生分析、解决问题的同时，培养学生的自主学习能力和创新意识．

从教学效果看，本节课还有一些需要改进的地方，比如，学生观察得到直线与圆的三种位置关系之后，没有给予学生足够的探究、交流的时间，限制了学生的思维，因而学生对概念的理解不是很深刻，此处应充分调动学生的积极性，使学生实现自主探究．在习题方面，我还应该精选习题，分层设置，尽量使每个学生都得到不同程度的提高．

总之，本节课我通过运用多媒体技术辅助课堂教学，以及教材例题的变式练习，让学生成为课堂教学的主体参与到课堂教学过程中来，充分发展其个性，施展其才华，使学生在参与和体验的过程中真正成为学习的主人，养成勇于探究、敢于实践的个性品质．在以后的教学中，我还要为学生的学习创设更多、更好的多媒体辅助学习环境，真正实现信息技术与课堂教学的深度融合．

（县级公开课）

解三角形中的最值问题

惠州市惠阳崇雅实验学校　麦敬基

【教材分析】

与解三角形相关的最值或取值范围问题在高中数学中经常出现，也是高考中一个重要的基础题型．这类问题涉及的知识面广、灵活性大、综合性强，有利于培养学生的思维能力和创新意识，以及逻辑推理、数学运算等核心素养．

【学情分析】

这类问题涉及的知识面广、灵活性大、综合性强，必然成为学生顺利解题的制约点，而且解题过程中运算量大、数字类型复杂程度高，给学生制造出了不少的障碍点．

【教学目标】

掌握三角形中求最值问题的一般方法，通过具体的例题和变式提高学生的思维能力，让学生感悟其中的函数与方程思想、转化与化归思想．

【教学重难点】

重点：掌握三角形中求最值问题的一般方法．
难点：掌握自我提炼与归纳知识的技能和方法．

【教学方法】

本节采用探究式教学法．针对学情运用以下方法铺设思维台阶突破学习难点：

（1）以基础知识、基本方法的复习和巩固为主，让学生通过解题回顾并整理所涉及的知识与技能等，达到复习和巩固旧知识的目的，为进一步学习做好铺垫.

（2）选好典型例题，加强变式训练，鼓励学生合作交流，并做好引导和总结.

（3）放手让学生自主提炼和归纳知识、技能、方法，感悟知识蕴涵的数学思想；同时有意识、有目的地利用所涉及的函数与方程、转化与化归等数学思想；引导学生以更全面、更系统的观点来分析数学知识，分享解决数学问题的经验.

（4）借助几何画板动态展示，提高思维的灵活性.

【教学过程】

（一）基础复习与巩固

展示高考题，探究解三角形会使用到哪些公式.

（2016 全国 I 卷理科 17）$\triangle ABC$ 的内角 A，B，C 的对边分别为 a，b，c，已知 $2\cos C(a\cos B + b\cos A) = c$.

（1）求角 C.

（2）若 $c = \sqrt{7}$，$\triangle ABC$ 的面积为 $\dfrac{3\sqrt{3}}{2}$，求 $\triangle ABC$ 的周长.

设计意图：此题所用公式较少，故设置为练习，让学生通过解题回顾并整理所涉及的知识、技能等，达到复习和巩固旧知识的目的.

（二）提出问题，感悟思想

问题 1：高考题是如何变形来的?

（2009 湖北文 16）在锐角三角形 ABC 中，角 A，B，C 的对边分别为 a，b，c，且 $\sqrt{3}a = 2c\sin A$.

（1）确定角 C 的大小.

（2）若 $c = \sqrt{7}$，且 $\triangle ABC$ 的面积为 $\dfrac{3\sqrt{3}}{2}$，求 $a + b$ 的值.

设计意图：通过与上面的全国卷高考题对比，让学生体会高考题也可以是由改变其他题的部分条件而变来的，让学生树立研究高考题的意识.

问题 2：还可以总结出什么类型的题目呢?

在 $\triangle ABC$ 中，角 A，B，C 所对的边分别为 a，b，c，$C = \dfrac{\pi}{3}$，$c = \sqrt{7}$，

$S_{\triangle ABC} = \dfrac{3\sqrt{3}}{2}$，求 ab，$a + b$ 的值.

设计意图：结合以上两道高考题让学生尝试归纳总结出一类题目的条件特点，并求解练习题.

问题 3：如果问题 2 中减少一个条件：$S_{\triangle ABC} = \dfrac{3\sqrt{3}}{2}$，即：在 $\triangle ABC$ 中，角 A，B，C 所对的边分别为 a，b，c，$C = \dfrac{\pi}{3}$，$c = \sqrt{7}$，那么 $a + b$ 和 ab 的值如何变化？

设计意图：尝试从不同角度改变原题条件，并通过几何画板展示出改变条件后求解的变化，从而提出本节课的学习主题.

问题 4：根据问题 3 中的变化，如何求解最值呢？

在 $\triangle ABC$ 中，角 A，B，C 所对的边分别为 a，b，c，$C = \dfrac{\pi}{3}$，$c = \sqrt{7}$，求 ab，$a + b$ 的最大值.

设计意图：学生通过独立求解最值总结解题方法，发展数学运算、逻辑推理等数学素养.

练习：(2013 全国 Ⅱ 卷理科 17)$\triangle ABC$ 的内角 A，B，C 的对边分别为 a，b，c，已知 $a = b\cos C + c\sin B$.

(1)求角 B.

(2)若 $b = 2$，求 $\triangle ABC$ 面积的最大值.

设计意图：总结求最值的基本不等式法，再一次通过高考题巩固基本知识和技能.

变式：(2011 全国 Ⅰ 卷理科 16)在 $\triangle ABC$ 中，$B = 60°$，$AC = \sqrt{3}$，则 $AB + 2BC$ 的最大值为_____.

问题 5：上面的变式题可以用基本不等式法求解吗？

设计意图：再次巩固利用基本不等式求最值，使学生从不同的角度思考，创造条件让学生各抒己见，展示思维过程，促进学生思维的交流与碰撞，最终达成共识，形成解法.

问题 6：根据变式题中利用正弦定理转化角的方法，我们不妨把问题推广，

如果问题 2 中的条件不变，那么如何求 ab，$a+b$ 的取值范围？

设计意图： 将问题进行拓展，引导学生发现利用基本不等式只能较易地解出最大值，引出转化角的思想，感受在三角形问题中转化成用角来处理问题的优越性，体会函数与方程思想的重要性．

（三）回顾所学，总结补充

（1）结合高考真题总结、分析题型．

（2）展示了解题时一题多变、一法多用及变式的思想方法．

（3）感受了在解三角形问题中转化成用角来处理问题的优越性，并体会了函数与方程的重要思想．

设计意图： 通过小组讨论，学生发言，自然地促使学生进行主动思考，努力寻找解题思路．通过一题多变、一法多用等变式教学，逐步形成处理此类问题的一般数学思想和方法，渗透转化与化归的数学思想，让学生感受转化与化归思想在具体解题中的重要指导意义．

（四）课后作业

（1）在 $\triangle ABC$ 中，角 A，B，C 所对的边分别为 a，b，c，若 $a^2+b^2+ab=1$，$c=1$，则角 $C=$＿＿＿＿＿＿，$\triangle ABC$ 面积的最大值为＿＿＿＿＿＿．

（2）若点 O 是 $\triangle ABC$ 的内心，$\angle BAC=60°$，$BC=1$，则 $\triangle BOC$ 面积的最大值为＿＿＿＿＿＿．

设计意图： 作业题将条件进一步改变，提升思考的难度，能力要求也相应提高，让学生的思维能够得到更好的锻炼，逻辑推理素养的层次得到提升．

【教学反思】

针对我班学生数学基础相对薄弱的实际情况，本节课的引入内容主要以基础知识、基本方法的复习和巩固为主，为进一步学习做好铺垫，用时控制在 10 分钟以内．由于学生对知识的理解不够深刻，以及计算能力不强，所以我将教学设计中让学生上讲台讲解的环节改为学生集体回答、教师板书的形式，较好地把握了教学进度．

主体部分主要为问题、练习、变式教学等．教学的过程中，我多采用启发式教学、变式教学（一题多变、一题多解、一法多用）等，鼓励学生合作交流．由于我上课时没有给予学生足够的时间和空间去思考和讨论，因此预设效果不理想．经过课后反思，我发现以下两个方面要改进：

1. 引导学生思考方面

美国著名数学家波利亚认为，解题活动并非一个机械地执行事先确定好的程序的过程，而是一个需要对之进行不断调整的过程，且解题过程中的反思尤为重要．在"重过程"的教学中，一个方面不能解决问题时，应该主动让思维向另一种方法、另一个方面拓展，对已知信息进行多方位、多角度的联想，努力通过自己的思考来解决问题．例如，在解题后，我应该引导学生进行总结与归纳，如总结题目特点与方法的适用性、解题过程的成效与得失、汲取的经验与教训等，寻找发现问题、分析问题和解决问题的最佳方案；也可以从思维策略的高度对学习或解题过程进行总结，对问题进行推广与深化．

2. 组织学生交流方面

没有激烈争辩的课堂注定会黯然失色．如果学生在课堂上主动交流观点，甚至产生较大程度和范围的思维碰撞，那么学生的学习效果必定是深刻的．对于高三的复习课而言，尤其要舍得花时间让学生"说出来"．数学课堂的生命火花一旦被点燃，学生的思绪就会被点燃，有时候甚至会提出一些更高深的见解，引起全班学生的共鸣，激发全班学生的热情，这样的课堂既有深度，又有活力，这也是"交流、对话"的魅力所在．在以后的教学中，我要多鼓励学生提出不同的观点，暴露出知识上的欠缺和思维上的不足，促进学生心灵火花上的碰撞，让我的复习课教学变得更有针对性和有效性，为课堂增添一些惊喜和活力．

总结部分主要分为阶段小结与整节课的总结，这样的设计主要是为了帮助学生进行练后反思，找出通性通法，发展逻辑推理素养．本节课的总结达到了预期效果．最后的总结预设是让学生自由总结或小组讨论或提问学生的，但由于时间紧张，改为教师陈述总结．

通过本课的教学使我认识到，培养学生领悟数学思想方法、获取数学活动经验的重要教学环节应该做到细致再细致，这样才能帮助学生感悟数学思想，提高思维品质，有效发展数学核心素养，使学生在课堂学习中既能学得懂，又能学得好．

（区级公开课）

数列求和方法的探究

惠州市第一中学 刘 春

【教材分析】

数列是高中代数的重点内容，也是高考的热点．面对有关数列求通项公式、等差数列与等比数列的证明，以及数列的求和问题，许多学生一筹莫展，而数列求和更是数列问题中的难点和重点．数列求和的难点在于：其一，要熟悉数列求和的几种常用的求和方法；其二，如何根据数列的通项公式选择合适的方法求和．这节课是数列求和方法的提炼课，研究对象是非等差、非等比数列的一般数列，目的是分析和探索其求和的方法．本节的内容是要把数列的求和转化为能使用公式求解或者能通过基本运算求解的形式，进而达到求和的目的．

【学情分析】

本节课基于维果茨基的"最近发展区理论"，从大多数学生的实际出发，根据他们整体的现有水平和潜在水平，内容安排从易到难，这样能够发挥学生的潜能，超越其最近发展区而达到下一发展阶段的水平，然后在此基础上进行下一个发展区的发展，从而让不同层次的学生在课堂上都有所收获，并且增强学生对本学科的兴趣，促进学生提高数学素质．在此过程中，教师扮演着"促进者"和"帮助者"的角色，指导、激励和帮助学生全面发展．

【教学目标】

1. 掌握常见的非等差、非等比数列的求和方法．

2. 使学生充分经历新知的构建过程，体验数学中的转化与化归思想，提升思维品质，发展逻辑推理、数学运算等数学核心素养．

【教学重难点】

重点：常见的非等差、非等比数列的求和方法.

难点：常见的非等差、非等比数列求和问题的转化.

【教学方法】

本节采用探究式教学法，引导学生巩固已有的知识基础，以自主探究和合作交流的形式找出常见的非等差、非等比数列求和的几种特殊方法.

【教学过程】

（一）复习引入

师生活动：复习等差、等比数列的求和公式.

师：数列求和问题是历年高考重点考查的内容之一，其中最基本的还是等差、等比数列的求和，直接利用前 n 项和公式来解决，我们一般称之为公式法. 今天这节课要在此基础上探究一些特殊的数列的几种常用的求和方法.

（二）典例探究

例 1：求数列 $1+1$，$\dfrac{1}{a}+4$，$\dfrac{1}{a^2}+7$，$\cdots$，$\dfrac{1}{a^{n-1}}+3n-2$，$\cdots$（$a\neq0$）的前 n 项和 S_n.

设计意图：让学生熟悉分组求和的方法，熟练掌握等差、等比数列求和公式的简单应用.

师：这个数列有什么特征？

生：这个数列既不是等差数列，也不是等比数列，但是它的前 n 项和是一个等比数列与一个等差数列的和：

$$S_n=(1+1)+\left(\frac{1}{a}+4\right)+\left(\frac{1}{a^2}+7\right)+\cdots+\left(\frac{1}{a^{n-1}}+3n-2\right)$$

$$=\left(1+\frac{1}{a}+\frac{1}{a^2}+\cdots+\frac{1}{a^{n-1}}\right)+\left[1+4+7+\cdots+(3n-2)\right].$$

师：非常好！这就把问题转化为一个等比数列和一个等差数列的求和问题. 我们先分别求出这两个数列的和，再将两个数列的和相加即可得到原数列的前 n 项的和. 这个时候还需要注意什么呢？

生：这个等差数列前 n 项和直接用等差数列的求和公式即可得到：

$$1 + 4 + 7 + \cdots + (3n - 2) = \frac{(3n - 1)n}{2};$$

但是这个等比数列的公比是 $\frac{1}{a}$，求和时要考虑公比是否为 1，当 $a = 1$ 时，

公比为 1，$1 + \frac{1}{a} + \frac{1}{a^2} + \cdots + \frac{1}{a^{n-1}} = n$，此时 $S_n = n + \frac{(3n - 1)n}{2} = \frac{(3n + 1)n}{2}$；

当 $a \neq 1$ 时，$1 + \frac{1}{a} + \frac{1}{a^2} + \cdots + \frac{1}{a^{n-1}} = \frac{a^n - 1}{a^n - a^{n-1}}$，此时 $S_n = \frac{a^n - 1}{a^n - a^{n-1}}$

$+ \frac{(3n - 1)n}{2}.$

师：不错！请同学们独自完成下面这道练习题.

练习 1：若数列 $\{a_n\}$ 的通项 $a_n = 2^n + 2n - 1$，则数列 $\{a_n\}$ 的前 n 项和 $S_n =$ _____.

设计意图：巩固分组求数列前 n 项和的方法.

生：因为 $a_n = 2^n + 2n - 1$，所以 $S_n = (2^1 + 1) + (2^2 + 3) + (2^3 + 5) + \cdots +$

$(2^n + 2n - 1) = (2^1 + 2^2 + 2^3 + \cdots + 2^n) + (1 + 3 + 5 + \cdots + 2n - 1) = \frac{2(1 - 2^n)}{1 - 2} +$

$\frac{n(1 + 2n - 1)}{2} = 2^{n+1} + n^2 - 2.$

师：我们回过头来看看，怎样求前 n 项和是由若干个等差数列或等比数列或可求和数列组成的数列的前 n 项和 S_n？

生：可用分组求和法，分别求和后再相加即可得到这类数列的前 n 项和 S_n.

师：分组求和法适用于求什么类型的数列的前 n 项和？

生：能够把数列分成多项，然后重新组合，使之成为我们所熟悉的数列求和(如：等差数列、等比数列的求和或常见的数列求和).

师：刚才我们分析了适用于用分组求和法来求数列前 n 项和的数列类型，下面请同学们来做一道高考题，看看另外一种类型的数列的前 n 项和怎么求.

例 2：等差数列 $\{a_n\}$ 中，$a_7 = 4$，$a_{19} = 2a_9$.

(1)求 $\{a_n\}$ 的通项公式.

(2)设 $b_n = \frac{1}{na_n}$，求数列 $\{b_n\}$ 的前 n 项和 S_n.

设计意图：例题从往年的高考题入手，激发了学生学习的兴趣与欲望. 学生通过自主探究和合作交流，能够得出分母为等差数列的某相邻两项之积、分

子为常数的分式型数列求和用裂项相消法解决,从而发展学生的逻辑推理和数学运算的核心素养.

师:$\{a_n\}$的通项公式大家求出来了吗?

生:求出来了,$a_n = \dfrac{n+1}{2}$.

师:这个比较容易求,那么$b_n = \dfrac{1}{na_n} = \dfrac{2}{n(n+1)}$,这个数列既不是等差数列又不是等比数列,它的前$n$项和怎么求?

生:不能用公式法,也不能直接相加得到它的前n项和.

师:是的,以前的方法都不能用,大家试着计算一下$\dfrac{1}{n} - \dfrac{1}{n+1}$的结果是什么.

生:$\dfrac{1}{n} - \dfrac{1}{n+1} = \dfrac{1}{n(n+1)}$,所以$b_n = \dfrac{1}{na_n} = \dfrac{2}{n(n+1)} = 2\left(\dfrac{1}{n} - \dfrac{1}{n+1}\right)$,所以

$$S_n = 2\left[\left(1 - \dfrac{1}{2}\right) + \left(\dfrac{1}{2} - \dfrac{1}{3}\right) + \cdots + \left(\dfrac{1}{n} - \dfrac{1}{n+1}\right)\right] = \dfrac{2n}{n+1}.$$

师:在这里,我们把$\{b_n\}$的通项公式中的一项分裂成两项的差,目的是求和时可以消掉一些项,保留有限的项,从而得到最后的结果,我们把这种求和的方法叫作裂项相消法. 我们再来求一下数列$\left\{\dfrac{1}{n(n+2)}\right\}$的前$n$项和$S_n$.

生:$\dfrac{1}{n} - \dfrac{1}{n+2} = \dfrac{2}{n(n+2)}$,所以$\dfrac{1}{n(n+2)} = \dfrac{1}{2}\left(\dfrac{1}{n} - \dfrac{1}{n+2}\right)$,

所以$S_n = \dfrac{1}{2}\left[\left(1 - \dfrac{1}{3}\right) + \left(\dfrac{1}{2} - \dfrac{1}{4}\right) + \cdots + \left(\dfrac{1}{n} - \dfrac{1}{n+2}\right)\right]$

$$= \dfrac{1}{2}\left(1 + \dfrac{1}{2} - \dfrac{1}{n+1} - \dfrac{1}{n+2}\right) = \dfrac{3n^2 + 5n}{4(n+1)(n+2)}.$$

师:大家观察上面两个数列的分母有什么特点.

生:分母是两项的乘积,这两项的差是定值.

师:我们学过的数列中有两项的差是定值的吗?

生:等差数列中,从第二项开始,每一项与前一项的差为定值.

师:若数列$\{a_n\}$为等差数列,公差为$d\,(d \neq 0)$,则$\dfrac{1}{a_n a_{n+1}}$可以分裂成两项的差吗?$\dfrac{1}{a_n a_{n+2}}$可以分裂成两项的差吗?另外,$\dfrac{1}{\sqrt{n+1} + \sqrt{n}}$可以分裂成两项的

差吗?

生: $\dfrac{1}{a_n a_{n+1}} = \dfrac{1}{d}\left(\dfrac{1}{a_n} - \dfrac{1}{a_{n+1}}\right)$, $\dfrac{1}{a_n a_{n+2}} = \dfrac{1}{2d}\left(\dfrac{1}{a_n} - \dfrac{1}{a_{n+2}}\right)$, $\dfrac{1}{\sqrt{n+1}+\sqrt{n}}$和前两种

不是一个类型的.

师: $\dfrac{1}{\sqrt{n+1}+\sqrt{n}}$中分母是两个根式的和,要把这个分式变成两项的差,分

母要怎样变形?

生: 要把分母中的两个根式去掉,分子、分母同时乘($\sqrt{n+1}-\sqrt{n}$)得到

$$\dfrac{1}{\sqrt{n+1}+\sqrt{n}} = \dfrac{\sqrt{n+1}-\sqrt{n}}{(\sqrt{n+1}+\sqrt{n})(\sqrt{n+1}-\sqrt{n})} = \sqrt{n+1}-\sqrt{n}.$$

师: 利用分母有理化可以把 $\dfrac{1}{\sqrt{n+1}+\sqrt{n}}$ 分裂成两项的差,因此数列

$\left\{\dfrac{1}{\sqrt{n+1}+\sqrt{n}}\right\}$的前 n 项和也可以用裂项相消法来求. 也就是说,对于数列

$\left\{\dfrac{1}{a_n a_{n+1}}\right\}$,其中$\{a_n\}$为等差数列,公差为$d(d\neq 0)$,这种数列的前 n 项和可以

考虑用裂项相消法求解. 那么,下面总结一下什么类型的数列可以用裂项相消

法求和,以及求和时应注意什么问题.

生: $\{a_n\}$为等差数列,公差为$d(d\neq 0)$,数列$\left\{\dfrac{1}{a_n a_{n+1}}\right\}$,$\left\{\dfrac{1}{a_n a_{n+2}}\right\}$可以用裂

项相消法求和. 此外,根式在分母上时,如$\left\{\dfrac{1}{\sqrt{n+1}+\sqrt{n}}\right\}$,可考虑分母有理化

之后相消求和. 利用裂项相消法求和时应注意,抵消后并不一定只剩下第一

项和最后一项,也有可能前面剩两项,后面也剩两项. 再有就是将通项公式

裂项后,有时候需要调整前面的系数,使裂开的两项之差与系数相乘后与原

项相等.

师: 掌声鼓励,说得太好了!到目前为止,我们学习了求数列的前 n 项和

的两种方法,即分组求和法和裂项相消法. 那么还有其他的方法吗?现在再来

看一道高考题(小组合作完成例3).

例 3: 数列$\{a_n\}$满足 $a_1 = 1$, $na_{n+1} = (n+1)a_n + n(n+1)$, $n \in \mathbf{N}^*$.

(1)证明: 数列$\left\{\dfrac{a_n}{n}\right\}$是等差数列.

（2）设 $b_n = 3^n \cdot \sqrt{a_n}$，求数列 $\{b_n\}$ 的前 n 项和 S_n.

设计意图： 本题通过教师逐步引导，层层设疑，让学生经历错位相减求和的过程，使学生加深对数学知识的理解，提高观察和分析能力，进一步发展更高层次的逻辑推理和数学运算素养.

师：前面我们学过怎么证明一个数列是等差数列，本题的第一问应该难不倒大家.

生：要在已知等式中出现 $\dfrac{a_{n+1}}{n+1}$，$\dfrac{a_n}{n}$，等式两边需同时除以 $n(n+1)$，得到 $\dfrac{a_{n+1}}{n+1} = \dfrac{a_n}{n} + 1$，即 $\dfrac{a_{n+1}}{n+1} - \dfrac{a_n}{n} = 1$，所以 $\left\{\dfrac{a_n}{n}\right\}$ 是以 $\dfrac{a_1}{1} = 1$ 为首项，1 为公差的等差数列.

师：接下来就可以求出 $\{a_n\}$ 的通项公式，也可以求出 $\{b_n\}$ 的通项公式.

生：由 $\dfrac{a_n}{n} = 1 + (n-1) \cdot 1 = n$，可得 $a_n = n^2$，从而 $b_n = n \cdot 3^n$.

师：要求数列 $\{b_n\}$ 的前 n 项和 S_n，我们先来观察一下数列 $\{b_n\}$ 的通项公式的特点.

生：数列 $\{b_n\}$ 的通项是一个等差数列的通项与一个等比数列的通项的乘积，它的前 n 项和 S_n 不能直接用公式法求得，也不能用前面学习过的分组求和法和裂项相消法求得.

师：同学们回忆一下公比 $q \neq 1$ 的等比数列 $\{a_n\}$ 的前 n 项和 S_n 的求法.

生：$S_n = a_1 + a_2 + a_3 + \cdots + a_n$，　①

$qS_n = a_2 + a_3 + \cdots + a_n + a_{n+1}$，②

①－②得 $(1-q)S_n = a_1 - a_{n+1}$.

师：上面这种求数列的前 n 项和 S_n 的方法叫错位相减法. 我们再来看要求解的这道题，看看和上面的方法有什么联系.

生：我们可以用这种方法来求解这道题.

$S_n = 1 \times 3^1 + 2 \times 3^2 + 3 \times 3^3 + \cdots + n \cdot 3^n$，①

$3S_n = 1 \times 3^2 + 2 \times 3^3 + 3 \times 3^4 + \cdots + (n-1) \cdot 3^n + n \cdot 3^{n+1}$，②

①－②得 $-2S_n = 3^1 + 3^2 + 3^3 + \cdots + 3^n - n \cdot 3^{n+1} = \dfrac{3(1-3^n)}{1-3} - n \cdot 3^{n+1} =$

$\dfrac{(1-2n) \cdot 3^{n+1} - 3}{2}$，

求得 $S_n = \dfrac{(2n-1)\cdot 3^{n+1}+3}{4}$.

师：通过这道题，大家发现什么类型的数列求和可以用错位相减法？

生：若数列 $\{a_n\}$ 是等差数列，数列 $\{b_n\}$ 是等比数列，那么求数列 $\{a_n\cdot b_n\}$ 的前 n 项和可用错位相减法.

师：用错位相减法求前 n 项和的步骤是什么？

生：先把等式两边同时乘等比数列 $\{b_n\}$ 的公比 q，然后求 $S_n - qS_n$，即可求得 S_n.

师：好！掌声鼓励！同学们再想一想用错位相减法求前 n 项和要注意什么.

生：在写出 S_n 与 qS_n 的表达式时，要特别注意将 qS_n 表达式中的第一项与 S_n 表达式中的第二项对齐，相减时，对齐的项相减.

师：说得很好！我们可以把它说成错项对齐再相减，也就是错位相减.

师：下面请同学们独立完成练习2.

练习2：求数列 x，$2x^2$，$3x^3$，$\cdots$，nx^n，$\cdots$的前 n 项和.

设计意图：巩固用错位相减法求数列前 n 项和的方法，提高学生在解题过程中发现问题、探究问题、解决问题的能力，培养思维的严谨性.

师：这个数列的通项公式是什么？

生：$a_n = nx^n$.

师：我们可以用什么方法求这个数列的前 n 项和？

生：错位相减法.

$S_n = x + 2\times x^2 + 3\times x^3 + \cdots + n\cdot x^n$，①

$xS_n = 1\times x^2 + 2\times x^3 + 3\times x^4 + \cdots + (n-1)\cdot x^n + n\cdot x^{n+1}$，②

①－②得 $(1-x)S_n = x + x^2 + x^3 + \cdots + x^n - n\cdot x^{n+1}$.

师：现在要注意什么？

生：等比数列中的公比是参数 x，要分情况来求解. 当 $x-1$ 时，数列是个等差数列，求得 $S_n = \dfrac{n(n+1)}{2}$；当 $x\neq 1$ 时，求得 $S_n = \dfrac{x(1-x^n)}{(1-x)^2} - \dfrac{nx^{n+1}}{1-x}$.

师：很好！下面请同学们总结一下做这类题时还要注意什么.

生：在应用错位相减法求数列的和时，若等比数列的公比为参数，应分公比等于1和不等于1两种情况求解.

（三）课堂小结

师：同学们，通过这节课的学习，请你总结一下求非等差、非等比数列的

前 n 项和的方法.

生：本节课数列求和是通过把数列分组、变换通项、变换次序、乘常数等方法，把数列的求和转化为能使用公式求解或者能通过基本运算求解的形式，以达到求和的目的，这是利用了转化和化归的思想. 本节数列求和主要通过以下几种方法达到目的：

① 公式求和：对于等差数列和等比数列的前 n 项和可直接利用求和公式求解.

② 分组求和：利用转化的思想将数列拆分、重组，把原数列的求和问题转化为等差或等比数列的求和问题；在应用等比数列求和公式时，必须注意公比 $q \neq 1$ 这一前提条件，如果不能确定公比 q 是否为 1，应分两种情况讨论.

③ 裂项相消：常见的通项如 $a_n = \dfrac{1}{b_n b_{n+1}}$（其中 $\{b_n\}$ 为等差数列），$a_n = \dfrac{1}{\sqrt{n+1} + \sqrt{n}}$ 的数列，在求和之前先将每项分裂成两项之差的形式，再求和.

④ 错位相减：如果 $\{a_n\}$ 是等差数列，$\{b_n\}$ 是等比数列，那么求数列 $\{a_n \cdot b_n\}$ 的前 n 项和可用错位相减法.

（四）作业提升

A组：求 $(2 - 3 \times 5^{-1}) + (4 - 3 \times 5^{-2}) + \cdots + (2n - 3 \times 5^{-n})$ 的值.

（学生只要套用分组求和的方法便可求解）

B组：已知等差数列 $\{a_n\}$ 的前 n 项和 S_n 满足 $S_3 = 0$，$S_5 = -5$.

(1)求 $\{a_n\}$ 的通项公式.

(2)求数列 $\left\{ \dfrac{1}{a_{2n-1} a_{2n+1}} \right\}$ 的前 n 项和.

（先求通项公式，再用裂项求和法求前 n 项和）

C组：已知 $\{a_n\}$ 是递增的等差数列，a_2，a_4 是方程 $x^2 - 5x + 6 = 0$ 的根.

(1)求 $\{a_n\}$ 的通项公式.

(2)求数列 $\left\{ \dfrac{a_n}{2^n} \right\}$ 的前 n 项和.

（先求通项公式，再用错位相减法可解本题）

设计意图： 激发不同层次学生的探究欲，提高他们学习数学的兴趣，使学生在解决问题的过程中除了获得成就感，还要养成敢于挑战、勇于克服困难的坚韧品质.

【教学反思】

(一)课堂亮点

本节课的教学过程在以下几方面完成得较好:

1. 体现了学生的主体地位及教师的主导作用

数学理论和数学实践告诉我们,学生是学习的主体,教师的"教"是为学生的"学"服务的,因此,数学教学要充分体现学生的主体地位,调动学生的学习主动性和积极性,把学生的学习潜力挖掘、开发出来是提高教学效率和教学质量的关键. 如:在突破本节课的难点时,我给学生充分的思考和讨论的时间;当学生遇到困难时,我慢慢引导学生去思考问题.

2. 创设了人人参与、人人体验、人人成功的学习氛围

学生是课堂的主人,他们有活动实践的天性和创造成功的欲望. 最大限度地发挥学生的潜能是课堂教学的灵魂. 课堂上我给学生提供参与的机会,并让他们发表他们自己的见解. 在整节课中,学生通过亲自参与(独立学习、小组讨论、集体学习)以高考题作为练习题的求解,让学生不但获得了解决问题的成就感,而且增加了学习数学的兴趣,也培养了学生的学习能力.

3. 高考题的应用

我把最近几年的高考题作为例题和练习题吸引了学生的眼球,让学生高度集中注意力,通过求解高考题增强学生学习的信心,激发他们学习数学的兴趣.

本节课采用了教师"慢半拍"的做法,即学生在教师设计的框架下,先自主学习,再小组合作探究,最后教师依据情况参与进来进行师生的交流. 这是一种调动学生学习主动性的有益尝试,体现了生本理念. 从授课实际情况来看,学生在课堂中的参与度确实被有效提高了. 另外,整节课条理清晰、环环相扣,这种富有趣味性、知识性的精彩演绎非常切合学生的认知心理,同时培养了学生积极思考、分析、归纳、反思的学习方法和习惯,这对学生的数学学习能力的提升非常有益.

(二)教学不足与改进措施

数学教学的本质是激励学生的学习积极性,帮助学生全面发展. 这节课主要是探究数列求和的方法,很好地完成了教学任务. 但本节课教学中仍有一些不足,下面总结两点改进措施:

1. 课堂可以更开放些

用分组求和法来求数列的前 n 项和的例题和练习题偏容易，完全可以让学生担当教师的角色来讲解，激发学生潜在的数学素质能力. 改进措施：在今后的教学中，我要改变教学策略，充分发挥学生潜在的能力，让学生参与到教师的角色中来，自己少讲，让学生多说、多探究.

2. 对学生思维能力把握不足

用裂项相消法求数列的前 n 项和时，学生第一次接触到这类题，不知道如何下手，想不到解决的方法，后来在我的引导下探索、交流最终获得解题方法. 改进措施：在以后的教学中，我要更加注意学情，讲解的内容跨度不能太大，要有过渡情节.

（省级课题研究成果）

简单随机抽样

惠州市博罗县博罗中学　宿天婷

【教材分析】

本节课的内容是简单随机抽样的概念，以及简单随机抽样的两种方法：抽签法和随机数法.

【学情分析】

本节课是在学生学习了一些简单的统计知识之后学习的，也为后面学习概率做好准备. 因此，本节课在知识结构上起到承上启下的作用.

【教学目标】

1. 理解抽样的必要性，简单随机抽样的概念，掌握简单随机抽样的两种方法.

2. 学生通过对问题的分析与解决，体验简单随机抽样的科学性，培养分析问题、解决问题的能力. 学生通过对身边事例的研究，体会抽样调查在生活中的应用，培养抽样思考问题的意识，养成良好的个性品质，发展数据分析素养.

【教学重难点】

重点：理解抽样的必要性和原则，以及会用抽签法和随机数表法抽取样本.

难点：理解简单随机抽样的科学性，以及由此推断结论的可靠性.

【教学过程】

(一)创设情景,引入新课

1. 抽样的必要性

情景 1:据中国食品安全网 6 月 3 日报道

近日,上海市市场监管局发布 2019 年第 21 期省级食品安全监督抽检信息.此次抽检涉及 7 大类食品,其中合格 689 批次,不合格 2 批次.

情景 2:中国质量新闻网讯

惠州市市场监督管理局发布食品监督抽检信息(2019 年第 1 期).信息显示,根据抽检计划,抽检坚果制品、糕点、肉制品、薯类和膨化食品、水果制品、糖果制品、饼干等 16 大类食品共 299 批次样品,不合格 3 批次.

问题 1:同学们知道这些数据是通过什么方法得到的吗?

问题 2:为什么要抽样调查呢?对所考察的对象做全面普查不更好吗?

设计意图:让学生理解普查的概念,并发现普查的优点和缺点,引出抽样调查.

2. 抽样的原则

著名案例:

在 1936 年美国总统选举前,一份颇有名气的杂志的工作人员对当时的两位候选人兰顿和罗斯福做了一次民意调查,调查谁将当选下一届总统.调查者通过电话簿和车辆登记簿上的名单给一大批人发了调查表(注:在 1936 年,电话和汽车只有少数富人拥有).调查结果表明,兰顿拥有 57% 的支持率,很可能在选举中获胜,但实际选举的结果正好相反,最后罗斯福以高达 62% 的支持率在选举中获胜.

问题 3:你认为预测结果出错的原因是什么?

问题 4:抽样时我们应该遵循什么样的抽样原则?

设计意图:让学生明白抽样时要选取有代表性的样本.

(二)主动探究,构建新知

1. 简单随机抽样的概念

假设我们是食品卫生监督的工作人员,要对某食品店内的 20 包小包装食品抽出 5 个进行卫生达标检验,本着简单易行的原则,请你设计一种抽样方法.

（教师实际操作演示，学生总结简单随机抽样的含义）

一般地，设一个总体含有 N 个个体，从中逐个不放回地抽取 n 个个体作为一个样本 $(n \leqslant N)$，如果每次抽取时总体内的各个个体被抽到的机会都相等，就把这种方法叫作简单随机抽样.

总结简单随机抽样的特点：

(1)总体的个数是有限的.

(2)简单随机样本数 n 小于或等于总体个数 N.

(3)简单随机样本是从总体中逐个抽取的.

(4)简单随机抽样是一种不放回的抽样.

(5)简单随机抽样的每个个体被抽取的可能性为 $\dfrac{n}{N}$.

2. 两种操作方法

(1)抽签法(抓阄法).

（老师组织抽样活动，学生参与抽样过程，共同总结抽签法的步骤）

案例：

3 月 29 日，河南驻马店一所高中的学生爆料，自己所在的学校禁止学生带零食进入校园. 记者来到爆料学生所在的学校校门口，果真发现有许多学生站在校门口吃零食，学生们吃完零食才进学校. 记者随机采访了一些学生，学生表示：学校规定零食不能带入学校，也不能带进班级里.

调查：对于"禁止学生在校园内吃零食"，你认为是否合理？

抽签法步骤：

第一步，将总体中的 N 个个体编号.

第二步，将这 N 个号码写在形状、大小相同的号签上.

第三步，将号签放在同一不透明的容器内，并搅拌均匀.

第四步，每次从容器中逐个不放回地抽取一个号签，连续抽取 n 次，就得到一个容量为 n 的样本.

第五步，将总体中与抽到的号签编号一致的 n 个个体取出.

问题 5：抽签法有没有局限性？

综合抽签法的局限性提出随机数法的必要性.

设计意图：学生通过亲身经历调查，增加对数学学习的兴趣，初步感受简单随机抽样的操作过程，理解简单随机抽样的概念，注意简单随机抽样的步骤，发展数据分析的数学核心素养.

(2)随机数法.

(老师介绍随机数表,然后针对上一题"校园内禁止吃零食"的调查,引导学生利用随机数表进行抽样,并总结随机数表法抽样的步骤)

用随机数表法抽取样本的步骤是:

第一步,将总体中的所有个体编号(每个编号的位数一致).

第二步,在随机数表中任选一个数作为起始数.

第三步,从选定的数开始按一定方向读下去(向右、向左、向上、向下皆可),若得到的号码在编号中,则取出;若得到的号码不在编号中或前面已经取出,则去掉,如此继续下去,直到取满为止.

第四步,根据选定的号码抽取样本.

3. **教师活动**

教师通过讲解例题,正确引导学生不要在学校吃零食.

4. **判断正误,辨析新知**

(1)简单随机抽样也可以是有放回的抽样.   (   )

(2)简单随机抽样中每个个体被抽到的机会相等.   (   )

(3)采用随机数表法抽取样本时,个体编号的位数必须相同.   (   )

(三)新知演练,形成反馈

例1:下列5个抽样中,是简单随机抽样的个数是(   )个.

① 从无数个个体中抽取50个个体作为样本.

② 仓库中有1万支奥运火炬,从中一次性抽取100支火炬进行质量检查.

③ 一彩民选号,从装有36个大小、形状都相同的号签的盒子中无放回地逐个抽出6个号签.

④ 箱子里共有100个零件,从中选出10个零件进行质量检验,在抽样操作中,从中任意取出1个零件进行质量检验后,再把它放回箱子里.

A. 0   B. 1   C. 2   D. 3

例2:总体由编号为01,02,…,19,20的20个个体组成,利用下面的随机数表选取5个个体,选取方法:从随机数表第1行的第5列数字开始由左到右一次选取两个数字,则选出来的第5个个体的编号为(   )号.

表1

78	16	65	72	08	02	63	14	07	02	43	69	97	28	01	98
32	04	92	34	49	35	82	00	36	23	48	69	69	38	74	81

A. 08   B. 07   C. 02   D. 01

达标检测：

1. 下面的抽样方法是简单随机抽样的是(　　)

A. 从平面直角坐标系中抽取 5 个点作为样本

B. 某饮料公司从仓库中的 1000 箱饮料中一次性抽取 20 箱进行质量检查

C. 某连队从 200 名战士中挑选出 50 名最优秀的战士去参加抢险救灾活动

D. 从 10 个手机中逐个不放回地随机抽取 2 个进行质量检验(假设 10 个手机已编好号，对编号随机抽取)

2. 抽签法确保样本代表性的关键是(　　)

A. 制签   B. 搅拌均匀 C. 逐一抽取 D. 抽取不放回

3. 使用简单随机抽样从 1000 件产品中抽出 50 件进行某项检查，合适的抽样方法是(　　)

A. 抽签法   B. 随机数表法 C. 随机抽样法 D. 以上都不对

(四)提炼总结，分享收获

1. 抽样的必要性及原则是什么？

2. 简单随机抽样的定义是什么？

3. 简单随机抽样的方法有哪些？它们的步骤分别是什么？

(五)设计作业，强化理解

课后，请同学们对本班的家长做一个抽样调查：禁止孩子在校园内吃零食，家长您怎么看？

【教学反思】

本节课注重交代知识的来龙去脉，使学生认识到数学知识产生的必然性和必要性，让学生认识到数学的应用价值. 本节课一定要让学生明确为什么要抽样，怎样选取有代表性的样本，如何抽样才算公平以及抽样用来做什么. 这节课我采用了教材中的经典案例，也自己选取了一些有时代特征的案例，通过师生交流，学生探讨，让学生体会抽样的必要性和选取样本的代表性，从而提高了学生对本节课的认识.

本节课我采用了激发兴趣、主动探究、积极体验、自主参与的方式教学,鼓励学生积极思考、大胆分析,形成师生互动的教学氛围,让学生逐步融入课堂,拉近师生关系,凝聚学生注意力,真正做到了以学生为主体进行教学. 本节课各个教学环节层次分明,重点突出,学生参与热情高,使学生深入体会到知识的生成和发展过程,体验了数学的应用性. 学生通过师生交流、生生互动的探讨过程,体会到抽样的必要性、样本的代表性等,提升了数学抽象的核心素养. 我的教学任务也圆满完成.

这节课以问题为导向,以质检新闻和经典案例引出新课,而以是否应该"禁止学生在校园内吃零食"贯穿整节课. 教学过程通过层层设疑,逐步引入简单随机抽样的概念及分类,从而引导学生发现问题、提出问题,启发学生思考解决问题的途径,培养了学生之间的相互交流与合作,以及深入探讨问题的良好习惯.

本节课也有遗憾之处. 由于时间的关系,我没有将随机数表的产生和同学们深入探讨,非常遗憾. 另外,是否应该"禁止学生在校园内吃零食"的调查虽然有利于学生参与,但是不能体现破坏性,因此,不能给学生需要抽样的真实体验.

(市级公开课)

随机数的产生(整数值)

惠州市第一中学　李文明

【教材分析】

本节课的主要内容是随机数和伪随机数，涉及的方法是蒙特卡罗方法．教学情境主要是人教 A 版必修 3 教材 P132 例 6 和"50 个人中至少有两个人生日相同的概率"问题．

【学情分析】

本节课要让学生弄清楚什么是随机数和伪随机数，还要让学生弄清楚为什么要学习随机数，为什么要用计算机产生的伪随机数代替随机数．虽然我们有了产生随机数的方法，但是并没有解决用模拟试验来估计随机事件的概率问题，因此使学生了解蒙特卡罗方法，并会用这一方法计算一些随机事件的概率的估计值就成为必要的学习内容．

【教学目标】

1. 知识目标

明确(整数值)随机数及伪随机数的概念；会利用信息技术工具产生(整数值)伪随机数．

2. 能力目标

通过具体案例理解蒙特卡罗方法(随机模拟方法)，能针对具体的随机事件设计概率模型，并通过蒙特卡罗方法得出随机事件的概率的估计值，发展数据分析和数学建模等数学核心素养．

3．过程与方法目标

在信息技术的环境下，可以通过程序解决大量重复模拟试验中的数据统计问题，实现随机事件的概率的估计值的计算.

【教学重难点】

重点：通过具体案例理解蒙特卡罗方法，针对具体的随机事件设计概率模型，得出随机事件的概率的估计值.

难点：利用计算机实现计算随机事件的概率估计值.

【教学方法】

本节课采用探究式教学法．本课的设计是从具体案例出发，首先让学生体会学习随机数的必要性，然后利用蒙特卡罗方法计算随机事件的概率的估计值，即借助于适当的信息技术编出程序，利用计算机计算概率的估计值.

【教学过程】

问题1：在一个盒子中装有形状、大小一样，但分别标有0，1，2，3，4，5，6，7，8，9的十个球.

(1)从盒子中随机摸一球，球上所标数字是什么？

(2)从盒子中随机摸一球，球上所标数字不超过3的概率是多少？

设计意图：提出问题，引入课题.

教师活动：提出问题，指出随机摸一球得到的数字就是一个随机数，由此给出随机数的概念．介绍用计算机产生伪随机数的方法，并介绍伪随机数的概念.

学生活动：理解随机数、伪随机数的概念，能用计算机产生随机数，并复习古典概型的计算方法.

问题2：天气预报说，在今后的三天中，每一天下雨的概率为40%，这三天中恰有两天下雨的概率是多少？

设计意图：体会不容易试验的随机事件如何建立概率模型进行试验，体会并明确蒙特卡罗方法.

师生活动：启发学生认识到下雨这件事情不好试验，每天下雨的概率也不能用已学过的古典概型来计算，但"每天下雨的概率均为40%"这一事件与问题

1 中第二问相似,这个属于古典概型的摸球问题,不仅可以试验,还可以通过计算机产生随机数模拟试验.

思考:你能从用随机模拟的方法解决问题 2 的过程中得出用于模拟的概率模型的基本特征吗?

(1)由概率模型计算出的概率与被模拟的随机事件的概率相同.

(2)对所建概率模型进行模拟试验时,试验结果能用随机数表示.

设计意图:认识到用于随机模拟试验的概率模型所具有的基本特征,明确对于确定的随机事件用于模拟试验的概率模型不唯一.

问题3:回答下列问题.

(1)在一个有 50 名学生的教室里,你认为一定有相同生日的同学吗?

(2)至少有 2 名同学生日相同的概率有多大呢?(　　).

A. 低于 10%　　　B. 大约 45%　　　C. 大约 61%　　　D. 高于 80%

设计意图:提出更难的问题,让学生进一步体会利用蒙特卡罗方法模拟随机试验,计算概率的估计值.

方法一:模拟随机试验

(1)我们规定一年有 365 天,用 1~365 每个自然数对应一个生日;

(2)两人一个小组,利用随机数生成器产生 1~365 之间的随机数,并记录下来;

(3)每产生 50 个随机数为一次试验,每组做 5 次,看看有几次试验中存在 2 个相同的结果,并填入表 1.

表 1

第一次试验	
第二次试验	
第三次试验	
第四次试验	
第五次试验	
频率	

(4)将全班的数据集中起来,估计 50 个 1~365 之间的整数有 2 个相同的概率.

收集各小组的数据进行分析(见表2):

表2

第1组	第2组	第3组	第4组	第5组	第6组	第7组	第8组	第9组
1	0.6	0.8	0.8	0.6	0.8	0.6	0.8	1

根据收集上来的数据作出频率分布折线图(如图1):

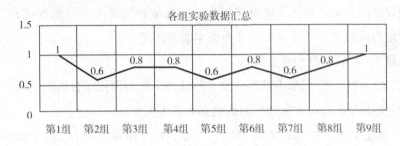

图1

由于试验次数少,得到的频率波动较大,因此我们可以利用计算机模拟试验.

方法二:利用 TI 图形计算器模拟试验

用 TI 图形计算器模拟试验的数据如图2.

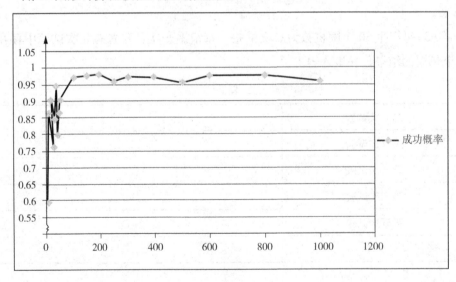

图2

设计意图： 指导学生应用现代信息技术模拟试验，认识到所求概率的估计值的近似程度是随着 n 的增大而提高的.

方法三：古典概型的理论计算

样本空间：365^{50}，

生日各不相同的概率：$P = \dfrac{365 \times 364 \times \cdots \times 316}{365^{50}}$，

至少有两个人生日相同的概率：$P' = 1 - P = 1 - \dfrac{365 \times 364 \times \cdots \times 316}{365^{50}}$.

使用 Mathlab 编出程序（如图 3）：

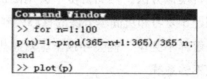

```
Command Window
>> for n=1:100
p(n)=1-prod(365-n+1:365)/365^n;
end
>> plot(p)
```

图 3

得到如下的图形（如图 4，图 5）：

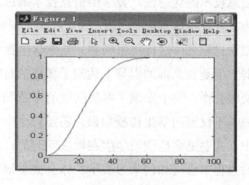

图 4

```
>>p(50)
ans=0.9704
```

图 5

【教学反思】

本节的教学设计注重知识和方法之间的承接. 学生对随机事件、频率、概率的意义有所理解，对古典概型有所认识. 本节课充分考虑了学生的这种认知，设计了问题1引入随机数的概念，并介绍了如何利用计算机产生伪随机数.

本节课注重对教学过程的监控. 随机模拟思想是本节课的重点内容，设计概率模型是随机模拟方法的关键一步. 类比问题1，我适当引导学生设计问题2的概率模型，层层递进，形成思维跨度合理的"问题链"，让学生从操作中体会建立模型、模拟试验和统计试验结果的随机模拟思想. 本部分属于操作内容，要注意课堂氛围的调控和课堂效果的呈现，避免个别学生只顾自己的操作，而忘记了操作试验的目的.

本节课注重问题链的设计，以问题为导向，层层递进，引导学生从了解随机数的产生，到理解随机模拟方法，再到初步学会用随机数去模拟随机事件发生的概率，最后通过问题3复习和巩固本节课的核心内容，课堂进展得很顺利. 但如果各问题间的联系解释不到位，就会导致学生对思想方法的掌握没有一种整体性，知识的掌握也不够系统.

本节课将信息技术与教师教学和学生学习有效融合. 通过本节课的学习，能够让学生初步学会利用计算器或计算机软件来产生随机数和解决模拟试验中遇到的问题，体会信息技术的优越性. 教学中信息技术的适当应用解决了人工模拟实验费时、费力，并且很难实现的问题，大大提高了课堂的效率.

回顾本节课，教学过程总体进行得很顺利. 虽然学生独立思考问题和动手操作的能力相对较弱，但是在老师的引导下达到了预期的目标. 学生通过独立思考、相互讨论、交流合作，终于发现了解决问题的方法和途径，品尝到了成功的喜悦. 这说明教学不仅要向学生传授知识，还要让学生参与获得知识的活动. 在今后的教学中，我要更多地调动学生在解决问题的过程中积极思考，在动手、动口、动脑的过程中懂得如何学习数学，体会数学知识的来龙去脉，从而培养学生主动获取数学知识的能力.

（惠州市教学比赛获奖）

下 篇

教学探索

基于试题分析的"概率统计"复习教学

惠州市第一中学　刘宏英

惠州学院数学与大数据学院　王海青

　　大数据时代，数据分析已经成为一种新的数学语言，是当今及未来"互联网＋"相关领域的主要数学方法，其在科研和社会生活中发挥了重要的作用，已经成为一种必备的知识技能.《普通高中数学课程标准(2017 年版)》(以下简称新课标)第一次将数据分析作为数学学科的核心素养提出，体现了新课标适应时代发展要求的理念. 新课标指出，"数据分析是指针对研究对象获取数据，运用数学方法对数据进行整理、分析和推断，形成关于研究对象知识的素养". 高中数学课程在数据分析素养上的培养目标为：学生能提升获取有价值信息并进行定量分析的意识和能力；适应数字化学习的需要，增强基于数据表达现实问题的意识，形成通过数据认识事物的思维品质，积累依托数据探索事物本质、关联和规律的活动经验.

　　怎样落实数据分析素养的培养呢？作为教学的风向标，近几年高考全国卷"概率统计板块"的试题给出了较明确的答案. 笔者对近 3 年高考全国卷的试题进行了整理分析，发现了一些明显的特点，教师结合这些特点进行复习课的教学，能够更好地落实数据分析素养的培养.

一、高考全国卷"概率统计板块"试题特点分析

　　下面以使用面最广的全国 I 卷为例，笔者整理了近三年文理科试题考查数据分析素养的题号、分值、主要知识点、情境(见表1).

表1

2016 年			
题号	分值	主要知识点	情境
文科3	5分	古典概型	花坛种花
文科19	12分	函数解析式（分段函数）、频率、平均数	机器的某个易损零件更换
理科4	5分	几何概型（课本例题改编，长度型）	等公司的班车
理科19	12分	概率分布列、概率、期望、决策	机器的某个易损零件更换
2017 年			
题号	分值	主要知识点	情境
文科2	5分	数字特征的统计意义	农作物的种植实验
文科4	5分	几何概型（面积型）	传统文化（太极图）
文科19	12分	回归分析、相关系数、推断、均值、标准差	监控零件的质量
理科2	5分	数字特征的统计意义	农作物的种植实验
理科19	12分	正态分布、概率、数学期望、评价监控生产过程方法的合理性、推断	监控零件的质量
2018 年			
题号	分值	主要知识点	情境
文科3	5分	识图	新农村建设，收入变化
文科19	12分	作图（频率分布直方图）、概率、用图（平均数）	居民用水，节水
理科3	5分	识图	新农村建设，收入变化
理科10	5分	几何概型（面积型）	数学文化，古希腊数学家希波克拉底
理科15	5分	排列组合	挑选男、女生参加科技比赛
理科20	12分	概率及最大值点、数学期望、决策	产品检验

从表1可以看出，近三年"概率统计板块"试题题量稳定，文理科均为2道左右(1或2道客观题，1道解答题). 2018年理科试题中客观题相对偏多，考查的知识点覆盖了"概率统计板块"的主要内容. 笔者通过研究试题发现，近几年高考以"概率统计板块"为载体考查数据分析素养的导向十分明显. 归纳起来，全国卷中"概率统计板块"的试题具有以下三个特点：

1. 知识点全面，情境内容新颖

试题全面考查收集和整理、理解和处理、获得和解释数据的相关知识和方法，问题情境丰富、层次多，与学生的学习和生活密切相关，且富有时代气息. 除了种花、选人、抽卡片等经典情境之外，试题内容还有易损零件更换、产品质量监控、超市订货、垃圾无害化处理、新农村建设等，充分展现了数据分析素养的数学学科价值. 统计图表除了教材中的茎叶图、频数分布表、频率分布直方图，还有生产生活中常用的柱状图、雷达图、折线图等. 试题除了考查定量计算概率、概率分布列、数学期望、方差、回归方程等，还考查了定性分析、决策、推断；在考查作图、识图、用图之外，还渗透了思维与表达、交流与反思的考查.

2. 数据分析素养水平层次分明

新课标提出，教师要基于数学学科核心素养进行考试命题，围绕四条内容主线和核心素养水平的达成进行评价. 划分核心素养水平的主要依据是核心素养的四个方面——情境与问题、知识与技能、思维与表达、交流与反思. 例如，数据分析素养"知识与技能"水平一的评价标准为"能够对熟悉的概率问题选择合适的概率模型，解决问题；能够对熟悉的统计问题选择合适的抽样方法收集数据，掌握描述、刻画、分析数据的基本统计方法，解决问题". 高考试题所考查的素养水平层次分明，选择、填空题多为熟悉或关联的情境问题，在教材或课后习题中出现过，以考查素养水平一、二为主. 解答题多为综合情境问题，在"概率统计板块"内综合(2017年全国Ⅰ卷理科19题，全国Ⅱ卷文科19题、理科18题)或与"其他知识板块"交汇(2016年全国Ⅰ卷文科、理科19题，2017年全国Ⅲ卷理科18题，2018年全国Ⅰ卷理科20题)，需要考生针对不同的问题，综合或创造性地运用统计概率知识，分层考查三个素养水平.

3. 数据分析素养特色鲜明突出

数据分析素养与其他数学核心素养相比，在研究对象、推理方法、判断准则上有明显的不同. 数据分析探究的是随机现象的统计规律性，其相关问题几乎都来自实际，主要的推理方法不是演绎推理，而是归纳推理．数据分析素养强调的是培养学生分析带有随机性的数据的能力，其判断的准则不是"对与错"，而是"好与坏"(2016 年全国 I 卷文科、理科 19 题，2017 年全国 II 卷文科19 题，2018 年全国 I 卷理科 20 题)．如果试题涉及烦琐的计算，往往就会给出计算结果，但需要考生根据题意恰当选取和加工．由此可见，试题考查的重点不是运算，而是统计或概率的思维方法．

二、"概率统计"复习教学建议

根据上述分析可知，高考"概率统计板块"的试题基本上围绕数据分析的过程展开，考查学生从实际背景中提炼统计问题，合理构建模型，对数据合理加工、优化推断、合理决策的能力．试题除了考查基础知识、基本技能，更注重考查基本思想和基本活动经验．结合新课标的要求和高考试题的特点，笔者建议"概率统计板块"的复习课要转变题海战术的复习理念，应使用基于数据分析素养的学习材料和教学方法．

1. 选取的问题具有基础性和多元性

概率统计的研究对象多为现实中的随机现象，多来源于数学学科外部，因此所选取的问题情境既要立足于教材和学生的生活经验，又要与现实问题(特别是经济现象、数学文化)相结合．教师选取熟悉的、关联的、综合的教学情境丰富学生的背景知识，才有利于学生在不同的情境中运用数据分析的知识和方法．例如，产品尺寸问题：甲、乙两人同时生产内径为 25.40 mm 的一种零件．为了对两人的生产质量进行评比，从他们生产的零件中各抽出 20 件(给出各个零件的内径尺寸)，从生产的零件内径尺寸看，谁的生产质量较高？这是一个与制造业有关的典型问题，可延伸出正态分布知识．教师选取这样的问题进行教学，不仅有利于学生掌握基础知识，还有利于学生开拓视野，提升思维的深度和广度，体会运用统计原理进行产品质量控制的基本思想，并将解决此问题的原理和方法迁移到自然界中的其他方面．

2. 素养的培养强调层次性和渐进性

新课标从问题与情境、知识与技能、思维与表达、交流与反思四个方面将数据分析核心素养划分为三个水平，所以复习课可以选取不同的问题考查不同的素养水平，也可以选取同一问题从不同角度考查不同的素养水平．例如题组：

(1)如图 1 所示的茎叶图记录了甲、乙两组各 5 名工人某日的产量数据(单

位：件）. 若这两组数据的中位数相等，且平均值也相等，则 x 和 y 的值分别为
（   ）.

    A. 3，5   B. 5，5   C. 3，7   D. 5，7

甲组		乙组
6	5	9
2 5	6	1 7 y
x 4	7	8

图1

（2）某大学艺术专业 400 名学生参加某次测评，根据男女学生人数比例，使用分层抽样的方法从中随机抽取了 100 名学生，记录他们的分数，将数据分成 7 组：$[20，30)$，$[30，40)$，…，$[80，90]$，并整理得到如图 2 所示的频率分布直方图：

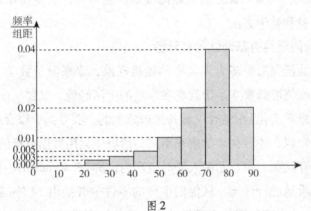

图2

① 从总体的 400 名学生中随机抽取一人，估计其分数小于 70 的概率.

② 已知样本中分数小于 40 的学生有 5 人，试估计总体中分数在区间 $[40，50)$ 内的人数.

③ 已知样本中有一半男生的分数不小于 70，且样本中分数不小于 70 的男女生人数相等，试估计总体中男生和女生人数的比例.

（3）某电视厂家准备在元旦举行促销活动，现根据近七年的广告费与销售量的数据确定此次广告费支出. 广告费支出 x（万元）和销售量 y（万台）的数据见表 2.

表2

年份	2011	2012	2013	2014	2015	2016	2017
广告费支出 x	1	2	4	6	11	13	19
销售量 y	1.9	3.2	4.0	4.4	5.2	5.3	5.4

① 若用线性回归模型拟合 y 与 x 的关系,求出 y 关于 x 的线性回归方程;

② 若用 $y = c + d\sqrt{x}$ 模型拟合 y 与 x 的关系,可得回归方程 $\hat{y} = 1.63 + 0.99\sqrt{x}$,经计算线性回归模型和该模型的 R^2 分别约为 0.75 和 0.88,请用 R^2 说明选择哪个回归模型更好;

③ 已知利润 z 与 x,y 的关系为 $z = 200y - x$. 根据②的结果回答下列问题:

广告费 $x = 20$ 时,销售量及利润的预报值是多少?

广告费 x 为何值时,利润的预报值最大?(精确到0.01)

参考公式:回归直线 $\hat{y} = \hat{a} + \hat{b}x$ 的斜率和截距的最小二乘估计分别为:

$$\hat{b} = \frac{\sum_{i=1}^{n} x_i y_i - n\bar{x}\bar{y}}{\sum_{i=1}^{n} x_i^2 - n\bar{x}^2} = \frac{\sum_{i=1}^{n}(x_i - \bar{x})(y_i - \bar{y})}{\sum_{i=1}^{n}(x_i - \bar{x})^2}. \quad 参考数据:\hat{a} = \bar{y} - \hat{b}\bar{x} \approx 2.24.$$

第(1)题要求学生结合熟悉的实例,从样本数据中提取需要的数字特征,掌握数据分析的基本方法,侧重考查素养水平一. 第(2)题要求学生运用统计方法解决具体问题,理解统计结论的意义,用数据呈现的规律解释随机现象,侧重考查素养水平二. 第(3)题围绕"回归分析"这一主题,递进式设问,并结合函数知识从不同角度考查数据分析素养的三个水平. 第①问要求学生针对具体问题建立一元回归模型,用统计模型表达随机现象的统计规律. 第②问要求学生鉴别统计模型的优劣,理解统计结论的意义. 第③问设计了综合的情境和知识的交汇,考查学生通过对信息的加工,基于统计模型进行预测,并用统计的语言予以表达. 本题还考查了数学抽象、逻辑推理、数学建模等核心素养.

3. 教学过程体现参与性和开放性

考查数据分析素养的高考试题在整套试卷中最具新意. 如果把数据分析当成简单的数学运算问题进行机械式训练,那么学生就会因为活动经验不足或有偏差,很难快速、准确地抓住问题要点,只能望题兴叹. 笔者建议教学中以案例为载体,适当引入计算机或计算器,使学生充分经历收集整理数据、提取信息、构建模型、获得和解释结论的全过程. 学生通过思考、表达、交流和反思，用多个统计模型或多个视角分析、优化推断，合理决策，在"做中学"，才能有效积累数据分析活动的经验，提高统计思维的水平. 例如，教师可以让学生研究案例"让一个小球从高尔顿板上方的通道口落下，探究落在各个球槽内的小球分布情况". 对于这个案例，教师可以借助教具演示实验，学生亦可亲自操作，还可以使用软件模拟实验. 这样，大大提高了学生在学习过程中的参与度和开放度.

考查数据分析素养的试题新而不偏，繁而不怪. 教师在教学中应结合高考试题的特点和新课标要求进行概率统计板块的复习，以此提升学生的数据分析素养. 这样学生不仅能对高考试题应对自如，还能深切感受到数学的价值和魅力，激发出强烈的学习欲望.

（本文发表在《教学与管理》2019 年第 12 期.）

以高考试题为载体培养核心素养的探索与思考

惠州市第一中学　刘宏英

　　课堂教学中，学科核心素养主要以学科知识为载体，通过学科活动形成，因此教师选好载体、设计好学科活动是落实核心素养培养的关键．高考试题经历了反复推敲研磨，是众多专家学者智慧的结晶，是衡量学生核心素养水平的重要标准，具有很强的信度和效度，是培养学生核心素养的优质素材．

　　高中阶段，直线与圆锥曲线问题涉及的概念、公式较多，对数学抽象、逻辑推理、数学建模、数学运算等核心素养的要求较高，而且需要综合运用数形结合、函数与方程等数学思想方法，因此此知识点成为教学的难点．那么教师怎样教才能有利于学生素养的提升呢？笔者通过教学实践，认为相比重复训练，针对某一特定背景的问题进行深入探究是更为有效的途径．下面笔者就举例说明课堂教学的主要过程，希望能对教师突破圆锥曲线的教学困境有所启发．

一、呈现考题

　　例1：已知抛物线 E：$x^2=4y$，设动直线 l 与抛物线 E 相切于点 P，与直线 $y=-1$ 相交于点 Q．证明：以 PQ 为直径的圆恒过 y 轴上某定点．

　　选题埋由：运动不变性是圆锥曲线中一个非常重要的性质．学生解决这类问题除了应正确运用通性通法之外，还需要适度的计算技巧，并借助几何性质和数形结合、等价转化等数学思想．此题综合考查了六个核心素养．试题来自2012年高考福建卷的第二问，需要探究一个问题——当直线与圆锥曲线相切时，以与切线有关的线段为直径的圆过定点．2017，2018，2019年每年高考题都考查了圆锥曲线背景下的定点或定值问题，因此，根据本题条件的特点，笔者将本节课的学习主题定为"一个圆锥曲线切线性质的探究"．

二、组织探究

例1涉及的圆锥曲线方程较简单，而且要探究的结论以证明的形式给出，思维起点较低. 因此，在教学中，教师要引导学生以小组为单位先独立思考，再交流合作，最后推选一名同学展示本组的解答过程. 教师巡视学生完成情况，对学生提出的问题给予指导.

学生展示本组例1的解答过程：

证法1：设切线的方程为 $y = kx + b(k \neq 0)$，抛物线的焦点为 $F(0, 1)$，联立方程 $\begin{cases} y = kx + b \\ x^2 = 4y \end{cases}$ 得 $x^2 - 4kx - 4b = 0$，由 $\Delta = 16k^2 + 16b = 0$ 得 $b = -k^2$，并解得点 P 的坐标为 $(2k, k^2)$.

联立方程 $\begin{cases} y = kx + b \\ y = -1 \end{cases}$ 得点 Q 的坐标为 $\left(\dfrac{-1-b}{k}, -1 \right)$.

设点 $M(0, y_0)$，若以 PQ 为直径的圆恒过点 M，则 $\overrightarrow{MQ} \cdot \overrightarrow{MP} = 0$.

因为 $\overrightarrow{MQ} = \left(\dfrac{-1-b}{k}, -1-y_0 \right)$，$\overrightarrow{MP} = (2k, k^2 - y_0)$，代入 $\overrightarrow{MQ} \cdot \overrightarrow{MP} = 0$，

得 $2(-1-b) - k^2 - k^2 y_0 + y_0 + y_0^2 = 0$，

将 $b = -k^2$ 代入，得 $(1 - y_0)k^2 + y_0 + y_0^2 - 2 = 0$，此式恒成立，故 $y_0 = 1$.

∴ 以 PQ 为直径的圆恒过 y 轴上的定点 $M(0, 1)$.

证法2：设点 $P(x_0, y_0)$，$x_0 \neq 0$.

∵ $y = \dfrac{1}{4}x^2$，

∴ $y' = \dfrac{1}{2}x$，

∴ 切线方程为 $y - y_0 = \dfrac{1}{2}x_0(x - x_0)$，即 $y = \dfrac{1}{2}x_0 x - \dfrac{1}{4}x_0^2$.

由 $\begin{cases} y = \dfrac{1}{2}x_0 x - \dfrac{1}{4}x_0^2 \\ y = -1 \end{cases}$ 得 $\begin{cases} x = \dfrac{x_0^2 - 4}{2x_0} \\ y = -1, \end{cases}$

∴ $Q\left(\dfrac{x_0^2 - 4}{2x_0}, -1 \right)$.

设 $M(0, y_1)$，得 $\overrightarrow{MP} = (x_0, y_0 - y_1)$，$\overrightarrow{MQ} = \left(\dfrac{x_0^2 - 4}{2x_0}, -1 - y_1 \right)$.

若以 PQ 为直径的圆恒过点 M，则 $\overrightarrow{MP} \cdot \overrightarrow{MQ} = 0$，

得 $x_0 \cdot \dfrac{x_0^2 - 4}{2x_0} + (y_0 - y_1)(-1 - y_1) = 0$，即 $\dfrac{x_0^2}{2} - y_0 - y_0 y_1 + y_1 + y_1^2 - 2 = 0$.

$\because y_0 = \dfrac{1}{4} x_0^2 (x_0 \neq 0)$，

$\therefore (1 - y_1)y_0 + y_1 + y_1^2 - 2 = 0$ 恒成立，

此等式的成立与 y_0 无关，

所以 $\begin{cases} 1 - y_1 = 0, \\ y_1 + y_1^2 - 2 = 0, \end{cases}$ 解得 $y_1 = 1$.

所以，以 PQ 为直径的圆恒过 y 轴上的定点 $M(0, 1)$.

当学生解答完例 1 之后，笔者提出下列问题：

问题 1：解决直线与抛物线相交问题的常见方法有哪些？

问题 2：本题中的直线是抛物线的切线，怎样求抛物线的切线方程？

问题 3：遇到与圆的直径有关的问题，通常怎样计算？

问题 4：你能从本题中得到与抛物线的切线有关的性质吗？

笔者设置以上四个问题的目的是：第一，巩固解决直线与圆锥曲线相交问题的一般方法，即直线和曲线方程联立，借助判别式和韦达定理建立变量之间的不等或相等关系. 第二，提升学生思维的灵活性. 针对特殊情况——抛物线开口向上，可当作二次函数对待，运用导数法求切线方程，使学生认识到圆锥曲线的切线问题与导数的相关性，加强不同知识板块之间的联系. 第三，引导学生借助几何性质优化代数运算. 直径所对的圆周角是直角，用代数形式体现为线段所在向量的数量积为 0. 第四，提升数学抽象、数学建模等核心素养. 引导学生发现题中的三个特殊点——切点 P、切线与准线的交点 Q、焦点 F，三个点之间的关系——以 PQ 为直径的圆恒过抛物线的焦点.

问题 5：本题中抛物线的焦点在 y 轴正半轴，（改变焦点位置）假如焦点在 y 轴的负半轴，你能根据例题改编出一道与例 1 结论一样的练习吗？试一试. 如果焦点在 x 轴正半轴、负半轴，结论又有什么变化？

引导学生得出例 1 的以下变式：

(1)已知抛物线 E: $x^2 = -4y$，设动直线 l 与抛物线 E 相切于点 P，与直线 $y = 1$ 相交于点 Q. 证明：以 PQ 为直径的圆恒过 y 轴上某定点. （定点为 $(0, -1)$）

(2)已知抛物线 E: $y^2 = 4x$，设动直线 l 与抛物线 E 相切于点 P，与直线 $x = -1$ 相交于点 Q. 证明：以 PQ 为直径的圆恒过 x 轴上某定点. （定点为 $(1, 0)$）

(3)已知抛物线 E: $y^2 = -4x$，设动直线 l 与抛物线 E 相切于点 P，与直线 $x = 1$ 相交于点 Q. 证明：以 PQ 为直径的圆恒过 x 轴上某定点. （定点为 $(-1, 0)$）.

问题 6：你能从例1和变式(1)(2)(3)中提炼出关于抛物线切线的一个性质吗？以命题的形式写出来，并加以证明.

设置问题5和6的目的是：学生通过自编练习题加深对几何关系的理解，提高数形结合的意识和能力，挑战新的思维障碍——如何用导数法求焦点在 x 轴上的抛物线的切线方程，进而加深对函数概念的理解，正确运用切线法求方程. 变式(2)的解决办法是先由 $y^2 = 4x$ 得 $y = 2\sqrt{x}$ (或者 $y = -2\sqrt{x}$)，再求导数. 使学生经历科学研究的常用方法——从特殊到一般，先猜后证，得到探究的结论1——直线与抛物线相切，且与准线交于一点，则以这两点之间的线段为直径的圆必过抛物线的焦点.

三、迁移深化

完成例1及6个问题之后，笔者启发学生思考：在学习圆锥曲线的课本知识时，发现三种曲线的许多性质有相似之处，如果把例1中的抛物线换成椭圆，会得到什么结果？接下来呈现第2道高考试题：

例2：已知椭圆 E: $\dfrac{x^2}{4} + \dfrac{y^2}{3} = 1$，动直线 l: $y = kx + m$ 与椭圆 E 有且只有一个公共点 P，且与直线 $x = 4$ 相交于点 Q. 试探究：在坐标平面内是否存在定点 M，使得以 PQ 为直径的圆恒过点 M？若存在，求出点 M 的坐标；若不存在，说明理由.

笔者引导学生对比例2与例1条件的异同发现，曲线由抛物线变成椭圆，其他都没变. 但是例2中所过定点未给出，将条件与例1对比发现，点 P 是切点，点 Q 是切线与准线的交点，于是猜想以 PQ 为直径的圆恒过椭圆的焦点，故定点就是右焦点.

那该怎么证明猜想呢？有了例 1 的解题经验，学生立即积极演算起来. 与例 1 相比，例 2 的运算量变大，对数学运算素养的要求更高.

学生展示本组例 2 的解答过程.（解答过程略）

解题完成之后，笔者继续提问.

问题 7：如果椭圆的焦点在 y 轴上，会得到什么结论？仿照例 1 的练习，你能编写一道变式吗？

问题 8：你能从例 2 和变式中提炼出关于椭圆切线的一个性质吗？以命题的形式写出来.

设计以上两个问题是为了引导学生编写出与例 1 相似的变式，为规律的显现做铺垫，得到探究的结论 2——直线与椭圆相切，且与准线交于一点，则以这两点之间的线段为直径的圆必过椭圆相应的焦点.

四、拓展生成

问题 9：我们通过对例 1、例 2 的探究可知，两题的问题背景、解题思路、方法、结论高度一致. 那么，抛物线、椭圆的切线都有的这个性质，双曲线有吗？尝试编写一道类似的例题并加以证明.

问题 10：回顾本节课的学习内容，你发现圆锥曲线的切线有什么特点？

笔者通过问题 9 和 10 引导学生编写出双曲线背景下的类似习题，为揭示本节课例题和变式蕴含的一般性规律做铺垫，最终引导学生得出本节课的学习成果——所探究的"一个圆锥曲线的切线的性质"，其结论为：如果直线与圆锥曲线相切于点 P，并与准线相交于点 Q，则以 PQ 为直径的圆过圆锥曲线相应的焦点.

五、两点思考

1. 以学定教，发展数学思维

新课程背景下，课堂教学改革的重点是教与学关系的转变，教师引导学生学会自主学习和自我教育是教学的根本任务. 大部分教师在进行圆锥曲线的教学时是唱独角戏，学生参与度很低，所以教师讲得好并没有转化成学生学得好. 本节课改变了教师讲、学生听的方式，教师的主要任务是选择低起点、高发展的数学问题，问题的提出和解决主要由学生完成. 学生通过独立思考、合作交流、数学表达，激发出学习潜能，并经历由浅入深、由表及里的思维发展全过程，使各个素养都得到了发展的机会. 这种学习方式效率很高，以往笔者花两三节课讲解学生还似懂非懂的问题，现在一节课就理清了思路. 阿基米德说过，"给我一个支点，我可以撬动地球". 数学的基本概念、基本方法就是这个"支点"，学生学习数学的障碍也主要源于这个支点不稳固. 近年高考试题就有许多利于夯实基本概念、基本方法的优质素材，例如，2019 全国 Ⅱ 卷理科第 16 题"南北朝时期的官员独孤信的印信问题"、2018 全国 Ⅰ 卷文科第 11 题"三角函数基本概念". 以这些试题为源头，教师引导学生自己设计题组，把学过的知识、做过的习题纵横联系，对发展数学思维非常有利.

2. 以问导学，推动深度学习

教师根据学习内容和学生已有认知提出好的问题，是实现核心素养形成的有效策略. 根据维果茨基的最近发展区理论，这节课借助问题串层层递进、不断地创造最近发展区，通过析题、解题、编题，最终形成命题，使学生在不同的情境下经历数学抽象、数学建模的过程. 笔者通过改变焦点位置、改变圆锥曲线类型，多角度、多层次提升数学抽象、数学建模、数学运算的难度，提升学生数学核心素养的发展水平. 在本节课的基础上，笔者顺势抛出近几年高考的相似试题，鼓励学生向"圆锥曲线运动不变性"这一更深层次的主题学习迈进.

(1)（2019 年全国 Ⅲ 卷理科）已知曲线 C：$y = \dfrac{x^2}{2}$，D 为直线 $y = -\dfrac{1}{2}$ 上的动点，过 D 作 C 的两条切线，切点分别为 A，B. 证明：直线 AB 过定点.

(2)（2017 年全国 Ⅲ 卷理科）已知抛物线 C：$y^2 = 2x$，过点 $(2, 0)$ 的直线 l 交 C 于 A，B 两点，圆 M 是以线段 AB 为直径的圆. 证明：坐标原点 O 在圆 M 上.

(3)（2018 年浙江）如图 1，已知点 P 是 y 轴左侧（不含 y 轴）一点，抛物线 C：$y^2 = 4x$ 上存在不同的两点 A，B 满足 PA，PB 的中点均在 C 上. 设 AB 的中点为 M，证明：PM 垂直于 y 轴.

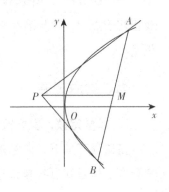

图 1

三道试题都呈现出圆锥曲线的运动不变性，

背景都是抛物线. 在解题思路上与本节课有联系也有区别, 并且也可以拓展出与之相对应的椭圆、双曲线的命题, 对推动深度学习十分有利.

新数学课程标准在实施建议中提出, "既要重视教, 更要重视学, 促进学生学会学习". 除了高考试题, 教师还可以挖掘更多的教学素材, 设计更丰富的学科活动, 但最终目的都是为"学生的学"服务, 帮助学生理解概念、把握本质、明晰算理等, 真正实现学生的数学核心素养的形成和发展.

（本文获《中学数学教学参考》征文一等奖.）

高中数学探究式教学问题的探究引导

惠州市第一中学　方志平

一、探究式教学的意义

探究式教学是以探索和研究为主的教学．具体是指，以现行教材为基本内容，在教师的启发引导下，以学生独立自主学习和合作讨论为前提，以学生周围环境和生活经验为触发点，为学生提供充分自由表达、质疑、探究、讨论问题的机会，学生通过个体、小组等多种问题答疑的尝试过程，将他们已经建构的知识应用于探索新知识和解决实际问题的一种教学形式．叶圣陶先生说："教师之为教，不在全盘授予，而在相机诱导．"因此在探究式教学过程中，当学生学习遇到困难或者发生错误与偏差时，教师要引导学生找到问题的关键所在，带领学生走出误区与盲区．当学生遇到疑惑提出问题时，教师不要急于告诉学生正确的答案，而是应该引导学生一起思考、探究和讨论，最后由他们自己解决自己的疑问，这样才能在他们的心灵深处留下深刻的印象．

二、探究式教学的探究引导

在高中数学探究式教学过程中，教师的引导作用主要体现在：设计问题情景，激发探究的欲望；捕捉生成问题，形成探究生长点；观察问题特征，寻找探究切入点；适时点拨问题，调控探究的方向．如何顺利、高效实现以上几个方面呢？这就需要教师在实施探究式教学的过程中关注所要探究问题的设计与引导．

1. 设计问题情境，激发探究欲望

在数学教学中，利用学生好奇心强烈的特点，教师可以通过创设情境，在教学内容和学生求知心理之间创设一种"不协调"，让学生置身于一种探索问题

的情境中，产生对新知识的渴望，引发其迫切探索、研究的兴趣，并在兴趣的激励下形成探究动机和探究欲望.

例1：高中数学必修2中"魔术师地毯问题"：把图1的边长为13 cm 的正方形按如图所示剪开，拼成右边长为21 cm、宽为8 cm 的矩形，结果发现图1的面积是169 cm^2，而图2的面积是168 cm^2，两个图形的面积并不相等. 问题何在？在学生百思不得其解时，教师要引导学生.

师：请同学们小组合作，用纸做一个边长为13 cm 的正方形的模型，按图1中的尺寸画好、剪开，再拼图. 看看能发现什么.

生1：拼成的长为21 cm、宽为8 cm 的矩形的中间有重叠现象.

师：你能用解析法说明其原理吗？

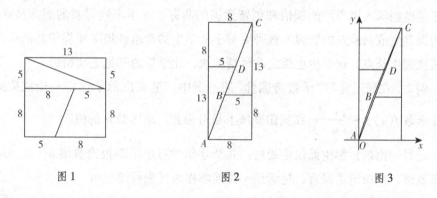

图1　　　　　　图2　　　　　　图3

生2：能否拼成图2，关键是看 A，B，D，C 四点是否共线，可通过计算直线的斜率来判定.

分小组探究：建立直角坐标系如图3，可知 $A(0,0)$，$B(3,8)$，$C(8,21)$，$D(5,13)$.

由斜率公式知：$k_{AB}=\dfrac{8-0}{3-0}=\dfrac{8}{3}$，$k_{AD}=\dfrac{13-0}{5-0}=\dfrac{13}{5}$，$k_{BC}=\dfrac{21-8}{8-3}=\dfrac{13}{5}$，$k_{CD}=\dfrac{21-13}{8-5}=\dfrac{8}{3}$. $\because k_{AB}=k_{CD}=\dfrac{8}{3}$，$k_{AD}=k_{BC}=\dfrac{13}{5}$，$\therefore AB /\!/ CD$，$AD /\!/ BC$.

师：通过计算，你们得出什么结论？

生3：我们小组发现，$ABCD$ 是平行四边形，而不是图2中 A，B，D，C 四点共线. 因此，剪纸拼图实验得到的图3是正确的.

师：很好！我们给予掌声鼓励！

点评：这个案例很神奇，彰显了数学的无穷魅力，因而充分激发了学生的探究欲望. 教师让学生通过观察比较、估计猜测、实验操作发现结论. 学生边操作边动脑,手脑并用,顺应了学生好奇喜动的心理特点,让学生在兴趣盎然的操作中把抽象的数学知识变为活生生的动作,从感受中获得新的认识,在亲历动手操作的过程中获得真正的理解. 这样能培养学生对数学的内在兴趣,让学生认识到数学来源于现实世界,而又是解决实际问题的有力工具,符合从"感性到理性"的认知规律,从而树立学生科学的发展观,也激发了他们强烈的求知欲,同时还使他们获得探索、研究、发现的快乐,既增长了见识,又启迪了智慧.

2. 捕捉生成问题,形成探究生长点

在课堂教学中,学生对所探究问题的回答往往在不经意中会出现一些亮点,这正是他们深入思考后的顿悟和创新意识的萌芽. 学生不同寻常的想法往往会成为课堂生成的最好的资源. 教师要善于从学生的奇思妙想中捕捉智慧的火花,形成探究生长点,让学生思维之花尽情绽放,让学生的创见更加精彩.

例2:在高三复习"函数奇偶性"的一课中,笔者出示了这样一道探究题:

已知函数 $f(x) = \dfrac{a - 3^x}{1 + a \cdot 3^x}$ 在其定义域上是奇函数,求实数 a 的值.

题目一出现,学生就议论纷纷. 几个合作学习小组都报出答案 $a = 1$. 学生跃跃欲试,纷纷举手发言,笔者请一位同学作为代表说说理由.

生1:由于函数 $f(x)$ 是奇函数,所以 $f(0) = 0$,于是有 $a - 3^0 = 0$,求得 $a = 1$.

师:同学们认为生1这样推理严谨吗?

生2:不严谨,因为题目并没有说明函数 $f(x)$ 在 $x = 0$ 处有意义,因此这种做法有漏洞.

师:你们认为生2的回答有道理吗? 该如何解答这道题呢?

生3:我认为生2的回答有一定的道理. 我是这样解答的:因为 $f(x)$ 是奇函数,所以 $f(-1) = -f(1)$,于是得 $a = \pm 1$.

师:这样做行不行?

生4:我认为上述两种做法都犯了同样的错误. 因为 $x = \pm 1$ 也未必在定义域内,应将得到的 $a = \pm 1$ 分别代入原函数,再检验对定义域中的所有 x 是否满足 $f(-x) = -f(x)$.

师:很好! 同学们这种解法体现了特殊到一般的数学思想,这是一个良好的思维品质. 给一点掌声! 还有别的解法吗?

生5: 上述解法需要先求 a 的值, 再检验, 势必有一点麻烦, 不如在定义域内任取一个 x, 利用 $f(-x) = -f(x)$ 恒成立, 根据待定系数法求得 $a = \pm 1$, 我认为这样做比较严谨.

师: 很棒! 生5的解法是本题另一种正确解答. 掌声鼓励! 还有没有新的想法?

生6: 既然这个函数是一个奇函数, 那么我们能不能求出该函数图像的对称中心呢? 再令这个对称中心是原点, 从而求出 a 的值.

师: 想法很好! 那如何求出此函数图像的对称中心呢?

生6: 我们曾学习过, 若函数 $y = f(x)$ 的图像关于点 (m, n) 成中心对称, 则等价于对定义域内任意一个 x, 均有 $f(x) + f(2m - x) = 2n$ 恒成立(代入、整理过程略).

根据待定系数法得 $\begin{cases} m = \log_3 \dfrac{1}{|a|}, \\ n = \dfrac{a^2 - 1}{2a}, \end{cases}$ 令 $\begin{cases} \log_3 \dfrac{1}{|a|} = 0, \\ \dfrac{a^2 - 1}{2a} = 0, \end{cases}$ 解得 $a = 1$ 或 $a = -1$.

顿时教室内同学们报以热烈的掌声. 教师把此题的探究进一步引向了深入, 学生的探究激情再次进入高潮, 思维火花再次点燃, 探究结果更为丰硕.

师: 同学们的表现非常好, 生6的解答虽然不够简便, 但想法具有创造性, 值得我们去探究.

点评: 这个案例让笔者惊喜地发现, 每个学生都有着探究的热情、探究的欲望和创造的潜能. 他们不仅能发现问题, 提出问题, 而且还能很好地解决问题. 研究表明, 学生对于他们自己提出的即时问题比较感兴趣, 面对这些问题, 他们乐于探究、勇于探究. 因此, 数学教学中, 教师要能捕捉生成问题的契机, 对学生暴露出的错误、即兴的提问、独特的见解, 教师不要一味地压制, 而要及时地分析、判断、引导, 并有效地加以利用, 使之成为高效课堂教学探究的生长点. 当然, 并非学生的任何问题都有在课堂上探究解决的必要, 有些不具共性的问题在课堂上探究, 既浪费了宝贵的教学时间, 又有悖于"有效教学"的要求, 因此, 教师一定要有敏锐的判断力.

3. 观察问题特征, 寻找探究切入点

在课堂教学中, 教师要引导学生对需要解决的问题首先进行观察和理解,

分析题设与结论之间的内在联系,再寻找恰当的探究切入点. 教学实践告诉我们,找准探究切入点,能够有效激活学生的思维,同时也能使课堂教学效果事半功倍.

例3:已知 x,$y \in \left[-\dfrac{\pi}{4}, \dfrac{\pi}{4} \right]$,$a \in R$,且 $\begin{cases} x^3 + \sin x - 2a = 0 & (1), \\ 4y^3 + \sin y \cos y + a = 0 & (2), \end{cases}$ 试求 $\sin(x+2y)$ 的值.

本题乍看起来无从下手,教师要引导学生观察条件中两等式的结构特点.

生1:原等式可变形为:$\begin{cases} x^3 + \sin x - 2a = 0, \\ (-2y)^3 + \sin(-2y) - 2a = 0. \end{cases}$

师:此变形有何用? 说说你的想法.

生1:条件中的(1),(2)两式观察后发现其形式相似,考虑(1)中常数项是 $-2a$,(2)中常数项也可变为 $-2a$,于是(2)式变形为 $(-2y)^3 + \sin(-2y) - 2a = 0$.

师:生1通过观察、类比,找出两式的共性,切入点很好! 下面又如何求解呢?

学生沉默,教师点拨:从上述探究和本题结论看,能否将 $-2y$ 看成一个变量,然后找出 x 与 $-2y$ 的关系.

生2:哦,我明白了,联想构造函数 $f(t) = t^3 + \sin t - 2a$,$t \in \left[-\dfrac{\pi}{2}, \dfrac{\pi}{2} \right]$,则有 $\begin{cases} f(x) = 0, \\ f(-2y) = 0, \end{cases}$ 从而有 $f(x) = f(-2y) = 0$.

师:很好! 给一点掌声! 那么怎样去掉抽象函数符号,从而得出 x 与 $-2y$ 的直接关系呢?

生3:(上台板演)通过求导得 $f'(t) = 3t^2 + \cos t > 0$,$t \in \left[-\dfrac{\pi}{2}, \dfrac{\pi}{2} \right]$,可见函数 $f(x)$ 是单调递增的. 由 $f(x) = f(-2y)$,且 x,$y \in \left[-\dfrac{\pi}{4}, \dfrac{\pi}{4} \right]$,$-2y \in \left[-\dfrac{\pi}{2}, \dfrac{\pi}{2} \right]$,可得 $x = -2y$,即 $x + 2y = 0$,故 $\sin(x+2y) = 0$.

师:非常好! 同学们理解得很深刻.

于是,教室里再次响起掌声!

点评:本案例启示我们,求解数学问题时,需要首先选择一个解决问题的切入点，一个恰当的探究切入点既能激发学生的学习兴趣，吸引学生的注意力，又能引导学生积极思考，开拓学生的思路，成为学生思维活动的导航，能够使课堂精彩纷呈．此点选择的正确与否是解题的关键．本题的切入点就是：观察、类比．借用函数，将两式统一转化为 $f(x) = f(-2y) = 0$ 的形式，再利用函数的单调性得 $x = -2y$，从而突破瓶颈．

4. 适时点拨问题，调控探究的方向

在高中数学探究式教学中，学生经常会出现探究活动的方向出现偏差，或思路方法出现错误的情况．教师应充分考虑这些偏差和错误，先让学生出现普遍性的错误，再予以引导和调整，让学生在纠正错误的过程中锻炼思维能力．探究活动不仅要求教师自己把探究问题弄懂，而且要求教师课前能站在学生的思维视野、思维角度和心理上对探究活动的全过程进行充分体验，包括各种可能遇到的偏差和错误．这样教师才能对学生在探究过程中产生的想法和可能遇到的各种问题有一个充分的预知，保证能在课堂教学中高效地调控探究活动的方向，实现探究活动的效果．

例4：证明 $1 + \dfrac{1}{\sqrt{2}} + \dfrac{1}{\sqrt{3}} + \cdots + \dfrac{1}{\sqrt{n+2}} < \sqrt{n+1} + \sqrt{n+2} - \dfrac{\sqrt{2}}{2}(n \in \mathbf{N}^*)$．

本题一出现，学生就感到很茫然，这时教师要以引路人的身份出现．

师：这是一个数列不等式的问题，显然左边的和不好求，怎么办呢？能否先将 $\dfrac{1}{\sqrt{n+2}}$ 放缩变形，再求和呢？

生1：可将左边最后一项 $\dfrac{1}{\sqrt{n+2}}$ 放大成为裂差的形式，即

$$\frac{1}{\sqrt{n+2}} = \frac{2}{2\sqrt{n+2}} < \frac{2}{\sqrt{n+2} + \sqrt{n+1}} = 2(\sqrt{n+2} - \sqrt{n+1}),$$

分小组探究：$1 + \dfrac{1}{\sqrt{2}} + \dfrac{1}{\sqrt{3}} + \cdots + \dfrac{1}{\sqrt{n+2}}$

$< 1 + \dfrac{1}{\sqrt{2}} + 2\left[(\sqrt{3} - \sqrt{2}) + (\sqrt{4} - \sqrt{3}) + \cdots + (\sqrt{n+2} - \sqrt{n+1})\right]$

$= 2\sqrt{n+2} + 1 - \dfrac{3\sqrt{2}}{2}$，无法实现右边的形式．

师：此路不通，就需转变方向． $\dfrac{1}{\sqrt{n+2}}$ 放大为裂差形式需要重新变形，考

虑不等式右边的结构特征，裂差求和后，应当是后两项尚未抵消，即保留下来，多出的 $-\dfrac{\sqrt{2}}{2}$ 可能是其他未抵消的项合并的结果.

生2：哦，我知道了，$\dfrac{1}{\sqrt{n+2}}=\dfrac{2}{\sqrt{n+2}+\sqrt{n+2}}<\dfrac{2}{\sqrt{n+2}+\sqrt{n}}=\sqrt{n+2}-\sqrt{n}$，

这样放缩、裂项、求和就会产生 $\sqrt{n+1}+\sqrt{n+2}$ 项，与不等式右边的形式接近，有望能实现证明的目标.

师：生2调整了探究方向，想法不错！请同学们动笔试试看.

分小组探究：$1+\dfrac{1}{\sqrt{2}}+\dfrac{1}{\sqrt{3}}+\cdots+\dfrac{1}{\sqrt{n+2}}$

$<1+(\sqrt{2}-\sqrt{0})+(\sqrt{3}-1)+(\sqrt{4}-\sqrt{2})+(\sqrt{5}-\sqrt{3})+\cdots+(\sqrt{n+2}-\sqrt{n})$

$=\sqrt{n+2}+\sqrt{n+1}.$

放得太大了！仍然实现不了右边的形式.

师：上述同学们的证法中问题出在哪里？$\dfrac{1}{\sqrt{n+2}}(n\in\mathbf{N}^*)$ 是不等式左边数列的通项吗？

生3：不是通项. 我认为 $\dfrac{1}{\sqrt{n+2}}<\sqrt{n+2}-\sqrt{n}(n\in\mathbf{N}^*)$ 启示我们：当 $n=1$ 时，$\dfrac{1}{\sqrt{n+2}}=\dfrac{1}{\sqrt{3}}$，不等式左边前两项不该放缩，应从第三项 $\dfrac{1}{\sqrt{3}}$ 开始放缩、变形.

师：想法非常好！可谓是拨开云雾见太阳. 请上黑板写出你的解法.

生3板书：$\because \dfrac{1}{\sqrt{n+2}}=\dfrac{2}{\sqrt{n+2}+\sqrt{n+2}}<\dfrac{2}{\sqrt{n+2}+\sqrt{n}}=\sqrt{n+2}-\sqrt{n}(n\in\mathbf{N}^*)$，

$\therefore 1+\dfrac{1}{\sqrt{2}}+\dfrac{1}{\sqrt{3}}+\cdots+\dfrac{1}{\sqrt{n+2}}$

$<1+\dfrac{1}{\sqrt{2}}+(\sqrt{3}-1)+(\sqrt{4}-\sqrt{2})+(\sqrt{5}-\sqrt{3})+\cdots+(\sqrt{n+2}-\sqrt{n})$

$=1+\dfrac{1}{\sqrt{2}}+\sqrt{n+1}+\sqrt{n+2}-1-\sqrt{2}=\sqrt{n+1}+\sqrt{n+2}-\dfrac{\sqrt{2}}{2}.$

$\therefore$ 原不等式成立.

师：（肯定的目光，赞许的语气）漂亮！

此时，教室里掌声响起，课堂气氛非常活跃．

点评：在探究式教学中，教师是引导者，其基本任务是启发诱导；学生是探究者，其主要任务是通过自己的探究发现新事物，寻找解题思路．因此，必须正确处理教师的"引"和学生的"探"的关系，做到既不让学生漫无边际地去探究，又不能过多牵制．为此，教师必须成为探究方向的调控者．

三、探究式教学的作用

在当前课改背景下，新课标倡导教学方式的多样化，探究式教学是众多教学方式中重要的一种．笔者毫不夸张地说，高中数学课堂教学过程中的每一个环节都可以渗透探究的元素、探究的方法、探究的思想．作为一名数学教师，应善于把握课堂教学中的每一个探究的机会和细节，使数学探究逐步成为数学课堂教学的常态，成为学生学习的自觉行为，促进学生思维充分、健康、全面的发展．数学探究引导是学生学习心理的回归，是数学教学学术的回归．探究是一种精神，也是一种育人的理念．数学探究引导必将使课堂变得更高效、更智慧，让课堂充满无限的生机与活力！

（本文发表在《中学数学教学参考》2016 年第 7 期．）

圆锥曲线三种定义的等价性证明

惠州学院数学与大数据学院　王海青

惠州市第一中学　刘宏英

一、问题的提出

"曲线方程与圆锥曲线"是高中数学教材中的重要教学内容.《普通高中数学课程标准(实验)》要求通过教学使学生：了解圆锥曲线的实际背景，感受圆锥曲线在刻画现实世界和解决实际问题中的作用；经历从具体情境中抽象出椭圆、双曲线与抛物线模型的过程，掌握它们的定义、标准方程、几何图形及简单性质. 以人教版教材为例，教材既呈现了圆锥曲线的原始定义，又重点探讨了椭圆、双曲线与抛物线在平面上的各自定义(即第一定义)和焦点 – 准线定义(即统一定义). 从三维空间中对原始定义的定性几何描述到二维平面对第一定义的定量描述，再到分类归纳的统一定义，如何通过具体情境实现不同定义之间的自然过渡？它们之间有什么内在联系？

二、"圆锥曲线"定义的历史变化

早在古希腊之前，古人在制作测量时间的仪器——日晷(如图 1)的过程中就发现，在太阳的投影下，圆形日晷的面板在地面上会形成圆锥曲线所围成的阴影. 古希腊数学家阿波罗尼斯(Apollonius，约公元前 262 ～ 公元前 190)是第一个依据同一个(正的或斜的)圆锥的截面来研究圆锥曲线理论的人，其所著的《圆锥曲线论》成为数学史上的一座丰碑，几乎囊括了圆锥曲线的所有性质，包括现在高中教材中的第一定义、统一定义以及光学性质. 他从几何直观上给出了圆锥曲线静态的原始定义：用一个平面去截一个圆锥面，得到的交线就称为圆锥曲线(如图 2).

图 1

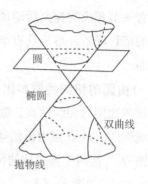

图 2

直到 16 世纪,人们才发现圆锥曲线不仅是依附在圆锥面上的静态曲线,也是自然界物体运动的普遍形式.为了研究的方便,1579 年意大利数学家蒙特在其著作《平面球体图》中将椭圆定义为:与两定点距离之和为常数的动点的轨迹(即现行教材中的第一定义),并利用定义讨论了他制造的椭圆规. 洛必达在他的《圆锥曲线分析论》中给出了圆锥曲线的统一定义及其统一方程. 比利时数学家 G. F. Dandelin1822 年构造了一个 Dandelin 球模型(截线为椭圆的情形如图 3),利用初等数学的知识通过综合法证明了圆锥曲线的原始定义、第一定义以及统一定义之间的等价性.

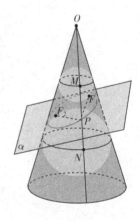

图 3

三、重构 Dandelin 球模型,揭示圆锥曲线不同定义之间的内在联系性

教材通过将绳子的两端固定在平面上两定点,用笔头拉紧绳子在平面上运动得到的轨迹引出椭圆的定义,并探讨椭圆的标准方程,之后在"探究与发现"中给出了 Dandelin 球模型说明原始定义与第一定义的等价性. 为了自然实现从原始定义过渡到第一定义,也有文献重构教材,利用 Dandelin 球模型推导出椭圆的焦半径性质后再引出椭圆的定义. Dandelin 球模型能否说明圆、双曲线、抛物线的定义以及它们的统一性?教材没有涉及. 另一个重点是,这么巧妙的 Dandelin 球模型是如何想到的?能否通过生活中的情境重构模型,让学生更为直观地理解它,从而体验数学与生活的密切联系呢?

基于以上目的，教师可以考虑在"曲线方程与圆锥曲线"单元新课教学结束后，设置一节相应的探究活动课，让学生体验圆锥曲线的不同定义以及三种曲线之间的密切联系，形成具有丰富关联性的整体知识结构．下面给出探究课的大致思路．

（一）由圆的切线性质类比得到球的切线性质，为后面的探究进行铺垫

通过类比圆的切线性质，根据如下三组图形（如图 4，5，6）可以直观得到球的切线性质．从 O 点引出的球的所有切线的切点构成一个圆，称为切圆，如图 4 的圆 O_2．当两个圆或球的位置确定时，它们的外公切线与内公切线分别是一个确定的值（如图 5，6）．

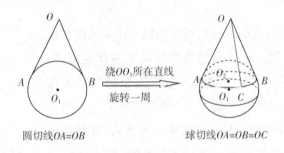

绕 OO_1 所在直线旋转一周

圆切线 $OA=OB$　　　　　　球切线 $OA=OB=OC$

图 4

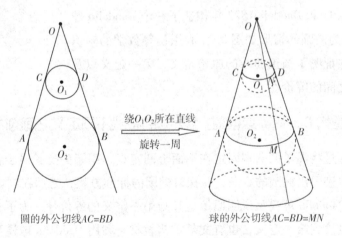

绕 O_1O_2 所在直线旋转一周

圆的外公切线 $AC=BD$　　　　球的外公切线 $AC=BD=MN$

图 5

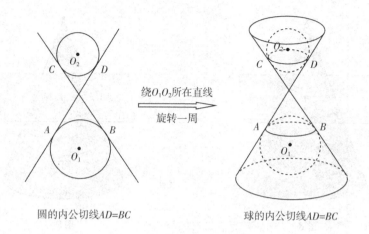

圆的内公切线 $AD=BC$　　　　　球的内公切线 $AD=BC$

绕 O_1O_2 所在直线
旋转一周

图 6

注：为降低对 Dandelin 球模型的理解难度，教师先引导学生复习圆的切线性质，再过渡到球的切线性质．教师通过分解图形结构与直观演示的方式使学生发现几何图形中的数量与位置关系，增强空间想象能力．同时，对平面几何图形圆及公切线进行旋转一周得到新的立体几何图形球及公切线的过程，也是 Dandelin 球模型的构建过程，为后续的探究做铺垫．

（二）根据生活情境构建 Dandelin 球模型

当灯光或手电筒从不同的方向照射放在桌面上的足球时，会形成各种圆锥曲线所围成的阴影（可动手操作实验）．当灯光正射足球时，投影为圆（如图7），球与桌面相切于一点．由光源发出的光束与投影圆的边界相连构成的直线外切于球，并成圆锥状．可以将实际情形抽象转化为几何图形，如图8，点 F 为球与桌面 α 的交点，即圆的切点，球内切于圆锥．球与圆锥的所有的切点构成一个切圆．类似地，由圆锥的对称性可以在平面 α 的下方补一个内切于圆锥并与平面 α 相切的球，切点也是点 F（如图9）．

图 7

注：这个环节由生活世界过渡到数学世界，学生体验到数学与生活的密切联系，经历了"横向数学化"的过程．学生由生活情境构建出数学模型，有助于数学应用意识和建模能力的提升．

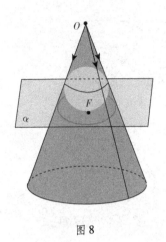

图 8

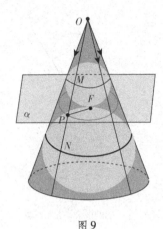

图 9

（三）探究圆的性质与定义之间的关系

投影圆上的任一点 P 与切点 F 存在什么关系？如图 9，过点 P 作圆锥的母线 OP 交两切圆于点 M，N．由球的切线性质容易得到 $PF = PM = PN$，$PM + PN = MN$ 为一定值，设为 $2a$，则 $PF = a$．即点 P 到切点 F 的距离为定值，这也就是圆在平面上的定义，点 F 为圆心．

注： 从最简单的圆锥曲线——圆开始逐步深入，构建模型，探究性质，符合学生的心理特点和认知能力．

（四）探究椭圆的第一定义

类似地，改变平面 α 的位置，可以构造截面是椭圆的 Dandelin 球模型，如图 3．平面 α 与两球分别相切于点 F_1，F_2，过点 P 作圆锥的母线 OP，分别交两切圆于点 M，N．同样利用球的切线性质易得：$PF_1 + PF_2 = PM + PN = MN = 2a$．即椭圆上的点到两个切点（焦点）的距离之和为定值．为了便于研究，数学家们将椭圆的这个性质作为它在平面上的一个定义．

（五）探究双曲线的第一定义

同样地，可以构造出截面是双曲线的 Dandelin 球模型，如图 10．平面 α 与两球分别相切于点 F_1，F_2，过点 P 作圆锥的母线 OP，分别交两切圆于点 M，N．利用球的公切线性质可得：$PF_2 - PF_1 = PM - PN = MN = 2a$．即双曲线上的点到两个定点的距离之差为定值，这就是双曲线的第

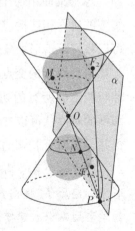

图 10

一定义.

（六）探究抛物线的定义与圆锥曲线的统一定义

如图 11，圆锥的内切球与椭圆截面相切
于点 F，截面 β 与内切球的切圆所在平面 α 相
交于直线 l. 在椭圆上任取一点 P，连接 PF，
过点 P 作 $PP_0 \perp \alpha$ 交 α 于点 P_0，作 $PP_1 \perp l$ 交 l
于点 P_1，连接 OP，OP 的延长线交内切球的
切圆于点 P_2，由图可知，平面 α 与平面 β 所
成的二面角为 $\angle PP_1P_0 = \varphi$，PP_2 与平面 α 所
成的角为 $\angle PP_2P_0 = \theta$. 由球的切线性质知 PF

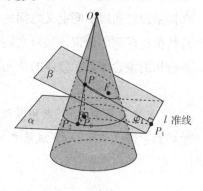

图 11

$= PP_2$，所以 $\dfrac{PF}{PP_1} = \dfrac{PP_2}{PP_1} = \dfrac{\dfrac{PP_2}{PP_0}}{\dfrac{PP_1}{PP_0}} = \dfrac{\sin \varphi}{\sin \theta} = e$ 为

定值.

当圆锥确定后，θ 是定值，而 φ 与截面的位
置有关. 由图 11 可知，当 $\varphi = 0$ 时，截口为圆，
离心率 $e = 0$；当 $\varphi < \theta$ 时，截口为椭圆，$e < 1$；
当 $\varphi > \theta$ 时，截口为双曲线，$e > 1$；当 $\varphi = \theta$ 时，
截口为抛物线，$e = 1$. 由此也得到了圆锥曲线
的统一定义.

截口为抛物线的情形如图 12，条件与图 11
保持不变. 当 $\varphi = \theta$ 时，$e = 1$，此时 $\triangle PP_0P_1 \cong$
$\triangle PP_0P_2$，所以 $PP_1 = PP_2$. 又 $PF = PP_2$，则 PF
$= PP_1$，即抛物线上的点到一定点的距离与到一
定直线的距离相等.

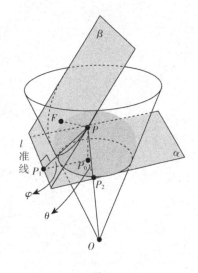

图 12

四、结束语

圆锥曲线教学的重心在于它的定义、标准方程、性质与应用. 在实际的教
学中，教师不能把 Dandelin 球模型作为桥梁贯穿圆锥曲线各种定义的始终，因
为 Dandelin 球模型涉及立体几何的知识，对有些学生会造成一定的理解难度，

特别是抛物线的情形. 但考虑到知识的整体性以及不同学生的需要，教师在圆锥曲线的单元复习时可以进行一节如上的探究活动课，以 Dandelin 球模型为媒介揭示圆锥曲线不同定义之间的联系，让学生既对椭圆、双曲线和抛物线的各自特征有深刻的认识，又对它们的统一特性有本质的理解，最终使学生形成联系密切的概念体系和整体的单元知识结构，做到既见"树木"，又见"森林".

（本文是基金项目"惠州学院高等教育教学研究与改革项目——问题驱动教学的数学课堂研究"研究成果之一，发表在《上海中学数学》2019 年第 7 – 8 期. ）

例谈圆锥曲线中直线过定点问题的解法

惠州市第一中学　刘宏英

圆锥曲线中直线过定点问题是高考的热点问题之一，对学生数学抽象、逻辑推理、数学建模、数学运算、直观想象等数学核心素养的要求较高，是区分学生数学学科思维水平的有力载体．例如，2017 年高考全国Ⅰ卷和全国Ⅱ卷都考查了该问题．纵观高考试题，直线过定点问题主要分为两种：一种是给出定点证明动直线过该点；另一种是不给出定点，需探究出动直线所过的定点．本文就举例说明这两种类型的解题方法．

一、考题呈现

1. （2017 全国Ⅰ卷理科）已知椭圆 C：$\dfrac{x^2}{a^2} + \dfrac{y^2}{b^2} = 1$（$a > b > 0$），四点 P_1（1，1），P_2（0，1），$P_3\left(-1，\dfrac{\sqrt{3}}{2}\right)$，$P_4\left(1，\dfrac{\sqrt{3}}{2}\right)$ 中恰有三点在椭圆 C 上．

（1）求 C 的方程.

（2）设直线 l 不经过 P_2 点且与 C 相交于 A，B 两点，若直线 P_2A 与直线 P_2B 的斜率的和为 -1，证明：直线 l 过定点．

2. （2017 全国Ⅱ卷理科）设 O 为坐标原点，动点 M 在椭圆 C：$\dfrac{x^2}{2} + y^2 = 1$ 上，过 M 作 x 轴的垂线，垂足为 N，点 P 满足 $\overrightarrow{NP} = \sqrt{2}\overrightarrow{NM}$．

（1）求点 P 的轨迹方程.

（2）设点 Q 在直线 $x = -3$ 上，且 $\overrightarrow{OP} \cdot \overrightarrow{PQ} = 1$．证明：过点 P 且垂直于 OQ 的直线 l 过 C 的左焦点 F．

二、例谈解法

1. 直线所过定点已给出

例1：如图1，已知抛物线 $y = x^2$ 和三个定点 $M(x_0, y_0)$，$P(0, y_0)$，$N(-x_0, y_0)$ $(y_0 \neq x_0^2, y_0 > 0)$，过点 M 的一条直线交抛物线于 A，B 两点，AP，BP 的延长线分别交抛物线于 E，F 两点. 证明：直线 EF 过定点 N.

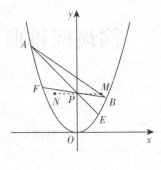

图 1

证明：设 $A(x_1, x_1^2)$，$B(x_2, x_2^2)$，$E(x_E, y_E)$，$F(x_F, y_F)$，

则直线 AB 的方程为：$y = \dfrac{x_1^2 - x_2^2}{x_1 - x_2}(x - x_1) + x_1^2$，

即 $y = (x_1 + x_2)x - x_1x_2$.

因为 $M(x_0, y_0)$ 在直线 AB 上，所以 $y_0 = (x_1 + x_2)x_0 - x_1x_2$，①

又直线 AP 的方程为：$y = \dfrac{x_1^2 - y_0}{x_1}x + y_0$，

由 $\begin{cases} y = \dfrac{x_1^2 - y_0}{x_1}x + y_0, \\ x^2 = y \end{cases}$ 得 $x^2 - \dfrac{x_1^2 - y_0}{x_1}x - y_0 = 0$，

所以 $x_1 + x_E = \dfrac{x_1^2 - y_0}{x_1} \Rightarrow x_E = -\dfrac{y_0}{x_1}$，$y_E = \dfrac{y_0^2}{x_1^2}$. 同理，$x_F = -\dfrac{y_0}{x_2}$，$y_F = \dfrac{y_0^2}{x_2^2}$，

所以直线 EF 的方程为：$y = -\left(\dfrac{x_1 + x_2}{x_1x_2}\right)y_0x - \dfrac{y_0^2}{x_1x_2}$，

令 $x = -x_0$ 得 $y = \dfrac{y_0}{x_1x_2}[(x_1 + x_2)x_0 - y_0]$，

将①代入上式得 $y = y_0$，所以 N 点在直线 EF 上，即直线 EF 过定点 N.

点评：两点确定一条直线，如果直线所过定点已给出，那么可以先根据两个点写出直线的点斜式方程，再将定点坐标代入，证明定点坐标满足所求方程即可.

例2：如图2，设点 $P(x_0, y_0)$ 在直线 $x = m (y \neq \pm m, 0 < m < 1)$ 上，过点 P 作双曲线 $x^2 - y^2 = 1$ 的两条切线 PA，PB，切点为 A，B，定点 $M\left(\dfrac{1}{m}, 0\right)$. 求

证：直线 AB 过点 M.

证明：设 $A(x_1, y_1)$，$B(x_2, y_2)$，由已知得

到 $y_1 y_2 \neq 0$，且 $x_1^2 - y_1^2 = 1$，$x_2^2 - y_2^2 = 1$，

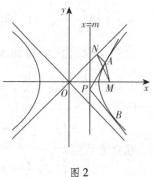

设切线 PA 的方程为：$y - y_1 = k(x - x_1)$，

由 $\begin{cases} y - y_1 = k(x - x_1), \\ x^2 - y^2 = 1 \end{cases}$ 得

$(1 - k^2)x^2 - 2k(y_1 - kx_1)x - (y_1 - kx_1)^2 - 1 = 0$，

图 2

从而 $\Delta = 4k^2(y_1 - kx_1)^2 + 4(1 - k^2)(y_1 - kx_1)^2 + 4(1 - k^2) = 0$，解得 $k = \dfrac{x_1}{y_1}$，

因此 PA 的方程为：$y_1 y = x_1 x - 1$，

同理 PB 的方程为：$y_2 y = x_2 x - 1$.

又点 $P(m, y_0)$ 在 PA，PB 上，所以 $y_1 y_0 = mx_1 - 1$，$y_2 y_0 = mx_2 - 1$，

即点 $A(x_1, y_1)$，$B(x_2, y_2)$ 都在直线 $y_0 y = mx - 1$ 上，

又 $M\left(\dfrac{1}{m}, 0\right)$ 也在直线 $y_0 y = mx - 1$ 上，所以直线 AB 过点 M.

点评：点斜式方程是圆锥曲线背景下直线方程常用的形式，但是如果直线上的点具有特殊性，就不必拘泥于点斜式. 例如，如果两个不重合的点 $A(x_1, y_1)$，$B(x_2, y_2)$ 满足方程 $Ax_1 + By_1 + C = 0$，$Ax_2 + By_2 + C = 0$，则直线 AB 的方程为 $Ax + By + C = 0$. 本题中直线上的两个点恰好是切点，而圆锥曲线与直线相切时切点所在的直线方程的形式具有一致性，利用这一特性可以迅速得到切点所在的直线的方程，再将定点坐标代入，证明定点坐标满足所求方程即可.

例3：如图3，椭圆 E：$\dfrac{x^2}{a^2} + \dfrac{y^2}{b^2} = 1(a > b >$

$0)$ 的离心率为 $\dfrac{1}{2}$，F 为右焦点，点 A，B 分别为

左右顶点，椭圆 E 上的点到 F 的最短距离为1.

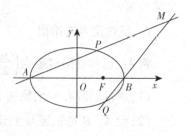

（1）求椭圆 E 的方程.

（2）设 $t \in \mathbf{R}$ 且 $t \neq 0$，过点 $M(4, t)$ 的直线

MA，MB 与椭圆 E 分别交于点 P，Q，求证：直

线 PQ 过点 F.

图 3

解：（1）$\frac{x^2}{4}+\frac{y^2}{3}=1$，解题过程略．

证明：（2）由（1）可知 $A(-2,0)$，$B(2,0)$，

$\therefore k_{MA}=\frac{t}{6}$，$k_{MB}=\frac{t}{2}$，故 MA 的方程为 $y=\frac{t}{6}(x+2)$，

联立方程组 $\begin{cases} y=\dfrac{t}{6}(x+2), \\ \dfrac{x^2}{4}+\dfrac{y^2}{3}=1, \end{cases}$ 得 $(27+t^2)x^2+4t^2x+(4t^2-108)=0$，

故 $x_A+x_P=\dfrac{-4t^2}{27+t^2}$，$\therefore x_P=\dfrac{-4t^2}{27+t^2}-x_A=\dfrac{54-2t^2}{27+t^2}$，

代入 MA 的方程，得 $y_P=\dfrac{t}{6}(x+2)=\dfrac{18t}{27+t^2}$，

$\therefore$ 点 P 的坐标为 $\left(\dfrac{54-2t^2}{27+t^2},\dfrac{18t}{27+t^2}\right)$．

同理，可求得点 Q 的坐标为 $\left(\dfrac{2t^2-6}{3+t^2},\dfrac{-6t}{3+t^2}\right)$，

于是 $\overrightarrow{PF}=\left(\dfrac{3t^2-27}{27+t^2},\dfrac{-18t}{27+t^2}\right)$，$\overrightarrow{FQ}=\left(\dfrac{t^2-9}{3+t^2},\dfrac{-6t}{3+t^2}\right)$，$\therefore \overrightarrow{FQ}=\dfrac{27+t^2}{3(3+t^2)}\overrightarrow{PF}$，

$\because t\in \mathbf{R}$ 且 $t\neq 0$，$\therefore$ 直线 PQ 过点 F．

点评： 当直线所过定点已给出时，问题可以转化为证明三点共线，此时可借助向量法．直线与圆锥曲线相交问题通常涉及多个变量，用向量法要特别注意选择恰当的参数表示点的坐标．审题时一定要认真推敲哪个是核心变量，设而不求，借助韦达定理搭建非核心变量与核心变量之间的转化通道，化繁为简．

2. 所过定点未给出

例4： 已知动圆过定点 $\left(\dfrac{p}{2},0\right)$，且与直线 $x=-\dfrac{p}{2}$ 相切，其中 $p>0$．

（1）求动圆圆心 C 的轨迹方程．

（2）设 A，B 是轨迹 C 上异于原点 O 的两个不同点，直线 OA 和 OB 的倾斜角分别为 α 和 β，当 α，β 变化且 $\alpha+\beta$ 为定值 $\theta(0<\theta<\pi)$ 时，证明直线 AB 恒过定点，并求出该定点的坐标．

解：（1）轨迹方程为 $y^2=2px(p>0)$，解题过程略．

(2)设 $A(x_1, y_1)$，$B(x_2, y_2)$，

由题意得 $x_1 \neq x_2$（否则 $\alpha + \beta = \pi$）且 $x_1, x_2 \neq 0$，

所以直线 AB 的斜率存在，设其方程为 $y = kx + b$，显然 $x_1 = \dfrac{y_1^2}{2p}$，$x_2 = \dfrac{y_2^2}{2p}$，

将 $y = kx + b$ 与 $y^2 = 2px(p > 0)$ 联立消去 x，得 $ky^2 - 2py + 2pb = 0$，

由韦达定理知 $y_1 + y_2 = \dfrac{2p}{k}$，$y_1 y_2 = \dfrac{2pb}{k}$. ①

(i)当 $\theta = \dfrac{\pi}{2}$ 时，即 $\alpha + \beta = \dfrac{\pi}{2}$ 时，$\tan \alpha \cdot \tan \beta = 1$，

所以 $\dfrac{y_1}{x_1} \cdot \dfrac{y_2}{x_2} = 1$，$x_1 x_2 - y_1 y_1 = 0$，$\dfrac{y_1^2 y_2^2}{4p^2} - y_1 y_2 = 0$，

所以 $y_1 y_2 = 4p^2$. 由①知 $\dfrac{2pb}{k} = 4p^2$，所以 $b = 2pk$.

所以直线 AB 的方程为 $y = kx + 2pk$，即 $k(x + 2p) - y = 0$，

所以直线 AB 恒过定点 $(-2p, 0)$.

(ii)当 $\theta \neq \dfrac{\pi}{2}$ 时，

由 $\alpha + \beta = \theta$，得 $\tan \theta = \tan(\alpha + \beta) = \dfrac{\tan \alpha + \tan \beta}{1 - \tan \alpha \tan \beta} = \dfrac{2p(y_1 + y_2)}{y_1 y_2 - 4p^2}$.

将①式代入上式整理化简可得：$\tan \theta = \dfrac{2p}{b - 2pk}$，所以 $b = \dfrac{2p}{\tan \theta} + 2pk$.

此时，直线 AB 的方程可表示为 $y = kx + \dfrac{2p}{\tan \theta} + 2pk$，

即 $k(x + 2p) - \left(y - \dfrac{2p}{\tan \theta}\right) = 0$，

所以直线 AB 恒过定点 $\left(-2p, \dfrac{2p}{\tan \theta}\right)$.

综上，当 $\theta = \dfrac{\pi}{2}$ 时，直线 AB 恒过定点 $(-2p, 0)$；

当 $\theta \neq \dfrac{\pi}{2}$ 时，直线 AB 恒过定点 $\left(-2p, \dfrac{2p}{\tan \theta}\right)$.

点评： 直线的点斜式方程 $y - y_0 = k(x - x_0)$ 体现出直线所过的定点是 (x_0, y_0)，因此当直线所过的定点没有给出时，可以利用点斜式方程的这一特点发现定点.

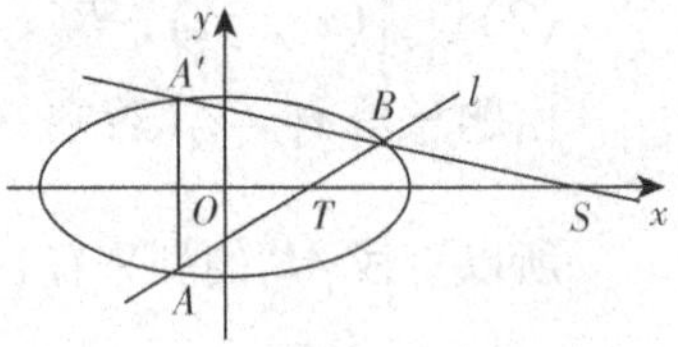

例 5：如图 4，已知椭圆 C：$\dfrac{x^2}{a^2}+\dfrac{y^2}{b^2}=1(a>b>0)$ 经过点 $(0,1)$，离心率 $e=\dfrac{\sqrt{3}}{2}$.

图 4

(1) 求椭圆 C 的方程.

(2) 过点 $(1,0)$ 的直线 l 与椭圆 C 交于 A，B 两点，点 A 关于 x 轴的对称点为 A'. 试问：当 l 变化时，直线 $A'B$ 是否过定点？若是，请写出定点的坐标，并证明你的结论；若不是，请说明理由.

解：(1) 依题意可得 $\begin{cases} b=1, \\ \dfrac{c}{a}=\dfrac{\sqrt{3}}{2}, \\ a^2=b^2+c^2, \end{cases}$ 解得 $a=2$，$b=1$，

所以椭圆 C 的方程是 $\dfrac{x^2}{4}+y^2=1$.

(2) 设直线 AB 的方程为 $x=my+1\,(m\neq0)$，

由 $\begin{cases}\dfrac{x^2}{4}+y^2=1, \\ x=my+1\end{cases}$ 得 $(my+1)^2+4y^2=4$，即 $(m^2+4)y^2+2my-3=0$.

记 $A(x_1,y_1)$，$B(x_2,y_2)$，则 $A'(x_1,-y_1)$，

且 $y_1+y_2=-\dfrac{2m}{m^2+4}$，$y_1y_2=-\dfrac{3}{m^2+4}$.

由椭圆的对称性可知，若直线 $A'B$ 过定点，则定点必然在 x 轴上.

特别地，令 $x_1=0$，$y_1=-1$，则 $m=1$，$y_2=\dfrac{3}{5}$.

此时 $A'(0,1)$，$B\left(\dfrac{8}{5},\dfrac{3}{5}\right)$，直线 $A'B$ 的方程为 $x+4y-4=0$，与 x 轴的交点为 $S(4,0)$.

若直线 $A'B$ 与 x 轴交于一个定点，则定点只能为 $S(4,0)$.

以下证明对于任意 m，直线 $A'B$ 与 x 轴交于定点 $S(4,0)$.

经过点 $A'(x_1,-y_1)$，$B(x_2,y_2)$ 的直线方程为 $\dfrac{y+y_1}{y_2+y_1}=\dfrac{x-x_1}{x_2-x_1}$，

令 $y=0$，得 $x=\dfrac{x_2-x_1}{y_2+y_1}y_1+x_1$，

故只需证明 $x = \dfrac{x_2 - x_1}{y_2 + y_1} y_1 + x_1 = 4$，即证 $\dfrac{m(y_2 - y_1)}{y_2 + y_1} y_1 + my_1 - 3 = 0$，

即证 $2my_1 y_2 - 3(y_1 + y_2) = 0$.

因为 $2my_1 y_2 - 3(y_1 + y_2) = -\dfrac{6m}{m^2 + 4} - \dfrac{-6m}{m^2 + 4} = 0$，

所以 $2my_1 y_2 - 3(y_1 + y_2) = 0$ 成立.

这说明，当 m 变化时，直线 $A'B$ 与 x 轴交于定点 $S(4，0)$.

点评： 如果直线所过定点未给出，可根据圆锥曲线的图像特征运用特殊位置、特殊点进行探究，变中抓不变，进而证明猜想具有一般性.

运用代数计算探索几何图形的运动不变性是解析几何的典型问题，圆锥曲线中直线过定点问题就是其中之一. 抓住图形特征，认清问题要点，灵活运用解题方法和直线方程的形式，此类问题便可迎刃而解.

（本文发表在《中学数学研究》2018 年第 11 期.）

2016 年广东高考(数学)备考建议

——"函数导数"板块

惠州市第一中学　刘宏英

2015 年高考是广东省最后一次独立命题,其中数学试题延续了近几年的命题风格,试卷结构和题型与往年保持一致,重点考查基础知识、基本技能和基本的数学思维. 解答题都有 3 个小问,其难度梯度设置合理,区分度较好. 同时,试卷也呈现出一些明显的变化,逐渐向全国卷过渡. 例如,试卷特别强化了对高一知识的考查,文科最后三个题的题型与往年一致,但理科的数列和函数题调换了位置,题型增加了灵活性,要求考生有较强的运算能力、归纳推理能力和对知识灵活运用的能力. 2016 年广东高考将使用全国卷,与2015 年试卷相比,两种试题命制的依据(新课程标准和考试大纲)、题型、总分值、考试时间都相同,主干知识所占的比重大致相当,但在具体的知识点侧重和难度分布方面,它们之间的差异还是十分明显的. 本文主要针对其中的"函数导数"板块进行比较,通过对近三年两种试题的统计分析,提供一些 2016 年高考备考的建议,供老师们参考.

一、广东卷"函数导数"板块的试题特点

1. 从题量、题型、分值上看

文、理科卷通常是一或两道客观题,每题 5 分,一道解答题,14 分,全卷共 19 分或者 24 分. 在函数导数、三角函数、立体几何、数列、圆锥曲线、概

率统计这六大主干知识板块中的分值一般仅次于概率统计板块.

2. 从考点内容及难度分布来看

试题主要涉及函数的性质、导数的运用——切线、单调性、极值、最值. 客观题考查函数性质及导数的简单应用,所考知识点较为单一,很少涉及知识交汇,属于简单题. 解答题多考查导数的运用,2013,2014,2015 年的文科和 2013,2014 年的理科试题都占据了压轴题的位置,多为三个问,第一问属于中档题,第二、三问难度较大. 试题的核心是三个"二次"的关系,重点和难点是分类与整合、转化与化归的数学思想方法,以及含字母的代数式的推理运算求解,文科试题的求导运算难度较理科低.

二、全国卷"函数导数"板块的试题特点

1. 从题量、题型、分值上看

全国Ⅰ卷较为稳定,文、理科通常是两或三道客观题,每题 5 分,一道解答题,12 分,全卷共 22 分或者 27 分. 全国Ⅱ卷的比重有所增加,通常是三或四道客观题,每题 5 分,一道解答题,12 分,全卷共 27 分或者 32 分. 两份全国卷的"函数导数"板块在六大主干知识板块中所占分值都是最高.

2. 从考点内容及难度分布来看

全国卷的考点更丰富,涉及函数的图像、奇偶性、对称性、解析式、零点、反函数、函数不等式、导数的运用等等. 客观题主要考查高一所学的函数知识,一道考题涉及多个知识点. 解答题侧重考查导数的工具性,解题思路源于必修一. 选择题多属于中档和中档偏难的题目,多次担当选择压轴题的角色. 如全国Ⅰ卷理科 2015 年、2014 年、2013 年的选择压轴题 10,11,12 题都是函数问题,不仅考查相关知识点,还渗透了函数与方程、数形结合等数学思想方法. 解答题方面,文科试题为两问,理科试题部分出现三问,难点和广东卷一致,侧重数学思想方法的运用,文科的要求同样较理科略低.

广东卷、全国卷近三年"函数导数"板块的题号、分值、考点(理科数学)见表 1:

表1

年份	2015 年			2014 年			2013 年		
	题号	分值	知识点	题号	分值	知识点	题号	分值	知识点
广东卷	3	5分	奇偶性	10	5分	曲线的切线	2	5分	奇偶性
							10	5分	曲线的切线
	19	14分	运用导数判断单调性、函数零点的个数、证明不等式	21	14分	求定义域、求单调区间、解不等式	21	14分	求单调区间、求函数在闭区间上的最大值
合计		19分			19分			24分	
全国Ⅰ卷	12	5分	函数、不等式	3	5分	奇偶性	10	5分	图像
	13	5分	奇偶性	11	5分	零点	12	5分	互为反函数、最值
	21	12分	运用导数求切线方程、函数零点个数	21	12分	切线、证明不等式	21	12分	求解析式、求单调区间、求最值
合计		22分			22分			22分	
全国Ⅱ卷	5	5分	分段函数、解不等式	8	5分	切线	8	5分	对数比较大小
	10	5分	函数的图像（同文科11）	12	5分	极值点	10	5分	函数性质
	12	5分	解函数型不等式	13	5分	函数型不等式			
	21	12分	运用导数判断单调性、函数的最值	21	12分	单调性、求参数范围、估值	21	12分	极值、单调性、证明不等式
合计		27分			27分			22分	

三、广东卷与全国卷的"函数导数"板块试题的异同

我们通过以上分析不难看出，两种试题的"函数导数"板块在高考六大主干知识中的比重几乎都是第一位的. 广东卷的题量和分值虽然少于全国卷，但是两种试题的目的都是通过"函数导数"板块鉴别学生的数学能力，选出数学素质拔尖的学生，只是实现的途径不一样——广东卷通过解答题压轴，全国卷则是在选择题和解答题的第二问双重压轴，但广东卷解答题的最后一问比全国卷难，这一点与高中数学的课程特点以及高等学校对学生数学能力的要求是一致的.

两种试题的不同点也是显而易见的. 客观题方面，以 2015 年文科数学的广东卷和全国 I 卷该板块的试题为例，广东卷基本是送分送到手，而全国卷命题的初衷则是强调考查学生对基本概念的理解，对基本方法的综合运用，区分度更大.

（2015 年广东卷文科 3）下列函数中，既不是奇函数，也不是偶函数的是（　　）.

A. $y = x^2 + \sin x$　　B. $y = x^2 - \cos x$　　C. $y = 2^x + \dfrac{1}{2^x}$　　D. $y = x + \sin 2x$

（2015 年全国 I 卷文科 10）已知函数 $f(x) = \begin{cases} 2^{x-1} - 2, & x \leq 1, \\ -\log_2(x+1), & x > 1, \end{cases}$ 且 $f(a) = -3$，则 $f(6-a) = （　　）$.

A. $-\dfrac{7}{4}$　　B. $-\dfrac{5}{4}$　　C. $-\dfrac{3}{4}$　　D. $-\dfrac{1}{4}$

（2015 年全国 I 卷文科 12）设函数 $y = f(x)$ 的图像与 $y = 2^{x+a}$ 的图像关于直线 $y = -x$ 对称，且 $f(-2) + f(-4) = 1$，则 $a = （　　）$.

A. -1　　B. 1　　C. 2　　D. 4

（2015 年全国 I 卷文科 14）已知函数 $f(x) = ax^3 + x + 1$ 的图像在点（1，$f(1)$）处的切线过点（2，7），则 $a = $ _____.

同样是考查函数的奇偶性，全国卷比广东卷略难. 广东卷是具体的函数，侧重定义的直接运用，而全国卷则是抽象函数，侧重代数推理.

（2014 年全国 I 卷文科 5）设函数 $f(x)$，$g(x)$ 的定义域为 **R**，且 $f(x)$ 是奇函数，$g(x)$ 是偶函数，则下列结论中正确的是（　　）.

A. $f(x)g(x)$ 是偶函数　　　　　　　B. $|f(x)|g(x)$ 是奇函数

C. $f(x)|g(x)|$ 是奇函数   D. $|f(x)g(x)|$ 是奇函数

解答题方面，两种试题对三个"二次"的关系的运用都很重视，广东卷的讨论层次比全国卷略多，但全国卷的考查角度比广东卷的丰富. 总体来看，解答题方面广东卷偏难. 如 2015 年的理科试题，广东卷虽然由前两年的 21 题(压轴题)前移至 19 题，但是计算量仍然较大.

(2015 年广东卷理科 19)设 $a > 1$，函数 $f(x) = (1 + x^2) \cdot e^x - a$.

(1)求 $f(x)$ 的单调区间；

(2)证明：$f(x)$ 在 $(-\infty, +\infty)$ 上仅有一个零点；

(3)若曲线 $y = f(x)$ 在点 P 处的切线与 x 轴平行，且在点 $M(m, a)$ 处的切线与直线 OP 平行(O 是坐标原点)，证明：$m \leqslant \sqrt[3]{a - \dfrac{2}{e}} - 1$

(2015 年全国 I 卷理科 21)已知函数 $f(x) = x^3 + ax + \dfrac{1}{4}$，$g(x) = -\ln x$.

(1)当 a 为何值时，x 轴为曲线 $y = f(x)$ 的切线？

(2)用 $\min\{m, n\}$ 表示 m，n 中的最小值，设函数 $h(x) = \min\{f(x), g(x)\}$ $(x > 0)$，讨论 $h(x)$ 零点的个数.

四、2016 年广东高考(数学)"函数导数"板块的备考建议

为了使学生更从容地面对 2016 年高考，针对全国卷和广东卷在"函数导数"板块上的特点及异同，我认为要做好以下几个方面的工作：

1. 重新、认真研究《考试大纲》

高考命题的依据是《考试大纲》. 由于惯性，广东的老师们对广东高考中"函数导数"板块的命题特点已经十分熟悉，所以在复习过程中难免会有所选择，对考得不多、考得不难的内容会加以削减. 对比全国卷，如果老师再这样教学，那么后果则十分危险. 老师们不能心存侥幸，必须把考纲中要求的内容都认真复习一遍，不留知识盲点.

2. 科学、有效地使用教材

教材是课程的载体，高考复习最具体、最方便的素材也是教材. 学生用好教材，不仅可以夯实双基，还可以使能力发展找到生长点. 科学、有效地使用教材的最低要求应该是使学生做到能独立证明书中的每一个定理，能熟练求解书中的所有例题. 此外，教师还应该选编或者改编一些教材中的体现核心知识、

基本方法或典型模式的例题、习题供学生反复研究，重视解题的交汇点意识，注重知识之间的内在联系，使概念、定理、方法体系化，帮助学生构建认知体系. 例如，2015 年全国 II 卷的文、理科试题，其中第(2)问都借助了教材人教 A 版选修 2 – 2 习题 1.3B 组第 1 题(3)(4)证明不等式 $e^x > 1 + x(x \neq 0)$，$\ln x < x < e^x(x > 0)$ 的解题思路和背景函数.

3. 加强计算能力的训练

函数是高中数学的核心，不仅对抽象思维能力的要求较高，而且对计算能力的要求也很高. 广东学生在数学上普遍存在的问题是计算能力较弱，具体数值运算都经常出错，因此学生在复习此板块时，一定要加强运算的速度和准确度，尤其是对算理和简单技巧都要进行科学训练，以确保常规方法的熟练性和准确性.

4. 于知识交汇处设计例题、习题

全国卷"函数导数"板块客观题题量较大，都是从重点内容的常规类型题出发，看起来很熟悉，但其中经常渗透新思维、新技巧，知识交汇的题目较多，题目做起来也很棘手. 因此，教师为学生备考选题时要多选择有丰富考点的题目，并加强单个试题的拓展变形训练，总结解题特点和规律，注意函数与方程、数形结合、转化与化归、分类整合等数学思想方法的运用.

5. 注意文、理科的差别

与全国卷近两年的试题比较，广东卷文、理科的试题风格都在向全国卷过渡，理科的力度略大. 从考试结果来看，理科学生适应得比较好，文科生还有些困难. 面对 2016 年的高考，文科数学的教学任务更重了，教师在"函数导数"板块的备考中不仅要在速度和准确率上下功夫，更要在提高学生的抽象思维能力、灵活运用数学思想方法方面多下功夫，从质上提高学生的数学思维品质.

6. 加强应试策略的训练

由于个体差异，这一板块的部分试题一些学生是无法驾驭的. 如果学生碰到不顺的题目，特别是客观题，还一再纠结，那么势必会影响后面试题的解答. 教师要传授给学生一些应试技巧和策略，让学生做题时合理分配时间，"有所舍，有所得"，尽量使得分最大化.

（本文发表在《中学数学研究》2015 年第 9 期.）

借用换元引参巧解数学竞赛试题

惠州市第一中学　杨威灵　方志平

我们借用换元引参的思想解题，其实是引入辅助元，实行变量代换，把分散的条件联系起来，把隐含的条件显露出来，把已知与未知联系起来，从而达到化难为易、化繁为简的目的．换元引参的数学思想方法能很好地培养学生的观察能力、直觉能力和整体意识，它是数学解题中一种重要的思想方法，尤其是在高中数学竞赛中有着广泛的应用．下面列举几类数学竞赛试题进行阐述，供读者参考．

一、巧解与函数有关的问题

例1：（2018 年全国高中数学联赛辽宁省预赛试题）若正实数 x，y 满足 $x^3 + y^3 = (4x - 5y)y$，则 y 的最大值为_____．

解析：设 $x = ky$，则 $y = \dfrac{4k - 5}{k^3 + 1}$，令 $f(k) = \dfrac{4k - 5}{k^3 + 1}$，

求导得 $f'(k) = \dfrac{(2 - k)(8k^2 + k + 2)}{(k^3 + 1)^2}$，

当 $k \in (-\infty, 2)$ 时，$f'(k) > 0$，$f(k)$ 递增；

当 $k \in (2, +\infty)$ 时，$f'(k) < 0$，$f(k)$ 递减．$\therefore [f(k)]_{\max} = f(2)$，

$f(k) \leqslant f(2) = \dfrac{1}{3}$，故 y 的最大值为 $\dfrac{1}{3}$．

评析：观察已知条件，本题难以找出直接用 x 表示 y 的关系式，这时我们自然会想到引入参数，设 $x = ky$，代入条件等式，可用参数 k 表示 y，问题则迎刃而解．

例2：（2018年全国高中数学联赛贵州省预赛试题）已知函数 $y = 3x + \sqrt{x^2 - 2x}$，求该函数的值域.

解：$\because x^2 - 2x \geq 0$，$\therefore x \geq 2$ 或 $x \leq 0$.

令 $u = x - 1$，则 $y = 3u + 3 + \sqrt{u^2 - 1}$，$|u| \geq 1$.

设 $\sqrt{u^2 - 1} = |u| - t \geq 0$，

则 $0 < t \leq |u|_{\min} = 1$，且 $|u| = \dfrac{1}{2}\left(t + \dfrac{1}{t}\right)$，此时 $y = 3u + 3 + |u| - t$.

当 $u > 0$ 时，$y = \dfrac{3}{2}\left(t + \dfrac{1}{t}\right) + 3 + \dfrac{1}{2}\left(t + \dfrac{1}{t}\right) - t = t + \dfrac{2}{t} + 3$，

由于 $0 < t \leq 1$，故函数单调递减，$\therefore y \geq 1 + 2 + 3 = 6$.

当 $u < 0$ 时，$y = -\dfrac{3}{2}\left(t + \dfrac{1}{t}\right) + 3 + \dfrac{1}{2}\left(t + \dfrac{1}{t}\right) - t = -2t - \dfrac{1}{t} + 3 \leq 3 - 2\sqrt{2}$.

当且仅当 $t = \dfrac{\sqrt{2}}{2}$，$u = -\dfrac{3\sqrt{2}}{4}$，即 $x = \dfrac{4 - 3\sqrt{2}}{4}$时取等号.

$\therefore$ 该函数的值域为 $(-\infty, 3 - 2\sqrt{2}] \cup [6, +\infty)$.

评析：解决本题的关键是如何通过换元去掉根号，若设 $\sqrt{x^2 - 2x} = u$，则达不到去根号的目的. 由于 $\sqrt{x^2 - 2x} = \sqrt{(x-1)^2 - 1}$，因此考虑令 $u = x - 1$，对于 $\sqrt{u^2 - 1}$，需要再引入参数 t，即 $\sqrt{u^2 - 1} = |u| - t$，这是富有创造性的引参. 本题要特别注意引入的参数 u 与 t 的取值范围.

例3：（2018年全国高中数学联赛山西省预赛试题）函数 $y = \dfrac{\sqrt{1 - x^2}}{2 + x}$ 的值域是_____.

方法1：函数的定义域是 $[-1, 1]$，$y \geq 0$，又 $y^2 = \dfrac{1 - x^2}{(x + 2)^2}$，令 $t = x + 2$，

则 $y^2 = \dfrac{1 - (t - 2)^2}{t^2}$，

即 $(y^2 + 1)t^2 - 4t + 3 = 0$，把此方程看作关于 t 的一元二次方程，

则判别式 $\Delta = 16 - 12(y^2 + 1) \geq 0$，得 $y^2 \leq \dfrac{1}{3}$，$|y| \leq \dfrac{\sqrt{3}}{3}$，

又 $y \geq 0$，故 $y \in \left[0, \dfrac{\sqrt{3}}{3}\right]$.

方法2：函数的定义域是 $[-1, 1]$，

令 $x = \cos \alpha$，$\alpha \in [0, \pi]$，则 $y = \dfrac{\sin \alpha}{2 + \cos \alpha} \geq 0$，

$\therefore 2y = \sin \alpha - y \cos \alpha = \sqrt{1 + y^2} \cdot \sin(\alpha - \theta) \leq \sqrt{1 + y^2}$，$\therefore 4y^2 \leq 1 + y^2$，

即 $y^2 \leq \dfrac{1}{3}$，$\therefore |y| \leq \dfrac{\sqrt{3}}{3}$，故 $y \in \left[0, \dfrac{\sqrt{3}}{3}\right]$．

评析： 本题两种解法不仅展示出利用"换元引参"解题的独特魅力，而且还培养了学生的创新能力，激发了学生学习数学的兴趣，提高了学生的数学素养．

二、巧解与方程有关的问题

例4：（2018年全国高中数学联赛内蒙古自治区预赛试题）方程 $2\sqrt{x-4} + 3\sqrt{y-9} + 4\sqrt{z-16} = \dfrac{1}{2}(x + y + z)$ 的实数解 $(x, y, z) =$ _____．

解析： 令 $\sqrt{x-4} = t_1$，$\sqrt{y-9} = t_2$，$\sqrt{z-16} = t_3$，

则 $x = t_1^2 + 4$，$y = t_2^2 + 9$，$z = t_3^2 + 16$，

$\therefore 2t_1 + 3t_2 + 4t_3 = \dfrac{1}{2}(t_1^2 + 4 + t_2^2 + 9 + t_3^2 + 16)$，

整理得 $(t_1 - 2)^2 + (t_2 - 3)^2 + (t_3 - 4)^2 = 0$，

$\therefore t_1 = 2$，$t_2 = 3$，$t_3 = 4$，即 $x = 8$，$y = 18$，$z = 32$．

故 $(x, y, x) = (8, 18, 32)$．

评析： 我们观察本题发现，难以引入一个参数同时将三个根式化为整式，于是我们大胆采用引入三个参数，即令 $\sqrt{x-4} = t_1$，$\sqrt{y-9} = t_2$，$\sqrt{z-16} = t_3$，使问题巧妙得到解决．

例5：（2017年全国高中数学联赛河南省预赛试题）设 $-\dfrac{\pi}{2} \leq x \leq \dfrac{\pi}{2}$，且方程 $\cos 2x - 4a\cos x - a + 2 = 0$ 有两个不同的解，求实数 a 的取值范围．

解： 由题意得 $2\cos^2 x - 4a\cos x - a + 1 = 0$，令 $t = \cos x$，

由 $-\dfrac{\pi}{2} \leq x \leq \dfrac{\pi}{2}$，知 $0 \leq t \leq 1$，则问题转化为方程 $2t^2 - 4at - a + 1 = 0$，

在 $0 \leq t < 1$ 范围内 t 有一解，此时 $\cos x = t$ 中的 x 有两解；

若 $t = 1$，此时 $\cos x = 1$ 只有一解 $x = 0$，不合题意．

令 $f(t) = 2t^2 - 4at - a + 1$，

(1) $\begin{cases} \Delta = (-4a)^2 - 8(-a+1) > 0, \\ f(0) \cdot f(1) \leqslant 0 \text{ 且 } f(1) \neq 0 \end{cases} \Leftrightarrow \dfrac{3}{5} < a \leqslant 1,$

(2) $\begin{cases} \Delta = 0, \\ 0 \leqslant a < 1 \end{cases} \Leftrightarrow a = \dfrac{1}{2}.$

综上，实数 a 的取值范围是 $\dfrac{3}{5} < a \leqslant 1$ 或 $a = \dfrac{1}{2}$.

评析：通过设 $t = \cos x$ 引入参数，将原本复杂的三角方程问题转化为熟悉的二次函数问题. 换元引参降低了思维难度，明确了解题思路，起到了事半功倍的神奇效果！

三、巧解与不等式有关的问题

例6：（2015 年全国高中数学联赛河北省预赛试题）设正数 x，y 满足 $x^3 + y^3 = x - y$，求使 $x^2 + \lambda y^2 \leqslant 1$ 恒成立的实数 λ 的最大值.

解：由正数 x，y 满足 $x^3 + y^3 = x - y$，知 $x > y > 0$，$\dfrac{x^3 + y^3}{x - y} = 1$，令 $t = \dfrac{x}{y} > 1$.

不等式 $x^2 + \lambda y^2 \leqslant 1$ 等价于 $x^2 + \lambda y^2 \leqslant \dfrac{x^3 + y^3}{x - y}$，即 $\lambda y^2 \leqslant \dfrac{x^3 + y^3}{x - y} - x^2 = \dfrac{x^2 y + y^3}{x - y}$，

$\therefore \lambda \leqslant \dfrac{x^2 y + y^3}{(x - y) y^2} = \dfrac{x^2 + y^2}{xy - y^2} = \dfrac{t^2 + 1}{t - 1}$ 恒成立，即 $\lambda \leqslant \left(\dfrac{t^2 + 1}{t - 1} \right)_{\min}$.

设 $f(t) = \dfrac{t^2 + 1}{t - 1} = \dfrac{(t-1)^2 + 2(t-1) + 2}{t - 1} = 2 + (t - 1) + \dfrac{2}{t - 1} \geqslant 2 + 2$

$\sqrt{(t-1) \cdot \dfrac{2}{t-1}} = 2 + 2\sqrt{2}$，当且仅当 $t - 1 = \dfrac{2}{t - 1}$，即 $t = 1 + \sqrt{2}$ 时，等号成立.

$\therefore [f(t)]_{\min} = 2 + 2\sqrt{2}$.

$\therefore$ 实数 λ 的最大值为 $2 + 2\sqrt{2}$.

评析：乍一看，本题的条件 $x^3 + y^3 = x - y$ 似乎很难用得上. 经观察分析得到常量 "1" 的代换，即 $1 = \dfrac{x^3 + y^3}{x - y}$，架起了已知与未知的 "桥梁"，再经换元 $t = \dfrac{x}{y}$，就将陌生、抽象的问题转化为熟悉、具体的问题了.

四、巧解与复数有关的问题

例7：（2013 年全国高中数学联赛辽宁省预赛试题）设 a，b，c 均为非零复

数，令 $\omega = -\dfrac{1}{2} + \dfrac{\sqrt{3}}{2}\mathrm{i}$，若 $\dfrac{a}{b} = \dfrac{b}{c} = \dfrac{c}{a}$，则 $\dfrac{a+b-c}{a-b+c}$ 的值为（　　）

A. 1　　　　　　B. $\pm\omega$　　　　　C. 1，ω，ω^2　　D. 1，$-\omega$，ω^2

解析：设 $\dfrac{a}{b} = \dfrac{b}{c} = \dfrac{c}{a} = k$，则 $k^3 = 1$，$\therefore k = 1$，ω，ω^2，

又 $a = bk$，$\dfrac{a}{b} \cdot \dfrac{c}{a} = k \cdot k \Rightarrow c = bk^2$，

于是 $\dfrac{a+b-c}{a-b+c} = \dfrac{bk+b-bk^2}{bk-b+bk^2} = \dfrac{k+1-k^2}{k-k^3+k^2} = \dfrac{k+1-k^2}{k(1-k^2+k)} = \dfrac{1}{k} = \begin{cases} 1，& k=1，\\ \omega^2，& k=\omega，\\ \omega，& k=\omega^2，\end{cases}$ 故

选 C.

评析：设 $\dfrac{a}{b} = \dfrac{b}{c} = \dfrac{c}{a} = k$，是较为常见的一种引参方法，但观察式子的结构特征，发现 $k^3 = 1$ 是不容易想到的. 由于 k 是复数，因此 $k = 1$，ω，ω^2. 至此解决问题的瓶颈得到了实质性的突破.

五、巧解与三角有关的问题

例 8：（2010 年全国高中数学联赛福建省预赛试题）函数 $f(x) = \sin^{2k}x + \cos^{2k}x(k \in \mathbf{N}^*)$ 的最小值为_____.

解析：设 $\sin^2 x = t$，则 $0 \leqslant t \leqslant 1$，且 $f(x) = g(t) = t^k + (1-t)^k$.

对 t 求导得：

$g'(t) = kt^{k-1} - k(1-t)^{k-1}(k \in \mathbf{N}^*)$，

当 $0 < t < \dfrac{1}{2}$ 时，$g'(t) = kt^{k-1} - k(1-t)^{k-1} \leqslant 0(k=1$ 时，取等号）；

当 $\dfrac{1}{2} < t < 1$ 时，$g'(t) = kt^{k-1} - k(1-t)^{k-1} \geqslant 0(k=1$ 时，取等号）.

$\therefore g(t) = t^k + (1-t)^k$ 在区间 $\left[0, \dfrac{1}{2}\right)$ 上递减，在 $\left[\dfrac{1}{2}, 1\right]$ 上递增，

则 $[g(t)]_{\min} = g\left(\dfrac{1}{2}\right) = \left(\dfrac{1}{2}\right)^{k-1}$，$\therefore f(x)$ 的最小值为 $\left(\dfrac{1}{2}\right)^{k-1}$.

评析：通过设 $\sin^2 x = t$ 引入参数 t，将正、余弦都用与 t 有关的式子替换，从而减少了变量的个数，降低了变量的次数，使问题很快获解.

六、巧解与代数式有关的问题

例9：（2017 年全国高中数学联赛吉林省预赛试题）已知 $\log_a b + 3\log_b a = \dfrac{13}{2}$，

当 $a > b > 1$ 时，$\dfrac{a + b^4}{a^2 + b^2}$ 的值为（ ）

A. 13   B. 4   C. 2   D. 1

解析：设 $\log_a b = t$，则 $t + \dfrac{3}{t} = \dfrac{13}{2}$，解得 $t = \dfrac{1}{2}$ 或 $t = 6$，即 $b = \sqrt{a}$ 或 $b = a^6$.

$\because a > b > 1$，$\therefore b = a^6$ 舍去，$\therefore b = \sqrt{a}$. 于是 $\dfrac{a + b^4}{a^2 + b^2} = \dfrac{a + a^2}{a^2 + a} = 1$. 故选 D.

评析：观察已知条件可知，$\log_a b$ 与 $\log_b a$ 互为倒数，令 $\log_a b = t$，易求出 t 的值，再由指、对数互化得出 $b = \sqrt{a}$，使问题顺利得到解决.

综上，在很多情况下，此类数学竞赛试题中已知与未知之间的联系并不明显，有时甚至好像隔着一条难以逾越的鸿沟，此时可考虑引进参数，牵线搭桥，以沟通已知与未知的联系. 同时，我们在解题过程中要特别注意引入的参数的取值范围，否则会劳而无功. 另外，在借用引参换元解题时，究竟引入一个怎样的参变量才能化繁为简、化难为易，这主要依赖于对有关数学式子的结构特征的观察、分析.

（本文发表在《高中数学教与学》2019 年第 9 期.）

圆的几何性质在解析几何问题中的运用

惠州市第一中学　刘宏英

解析几何是代数与几何的完美结合，是综合考查数形结合、转化与化归等数学思想以及数学运算、直观想象等核心素养的重要载体. 纵观近年高考试题，圆的几何性质常常渗透在圆锥曲线问题中. 解决此类问题通常需要将代数问题几何化，灵活运用圆的几何性质，从而达到优化思路、简化计算的效果，下面举例说明.

一、运用圆的定义

例1：在直角坐标系 xOy 中，已知圆心在第二象限、半径为 $2\sqrt{2}$ 的圆 C 与直线 $y=x$ 相切于坐标原点 O，椭圆 $\dfrac{x^2}{a^2}+\dfrac{y^2}{9}=1$ 与圆 C 的一个交点到椭圆两焦点的距离之和为 10.

(1)求圆 C 的方程.

(2)试探究圆 C 上是否存在异于原点的点 Q，使点 Q 到椭圆的右焦点 F 的距离等于线段 OF 的长，若存在，求出 Q 的坐标；若不存在，请说明理由.

解：(1)解题过程略，圆 C 的方程为 $(x+2)^2+(y-2)^2=8$.

(2)由题意得椭圆的方程为 $\dfrac{x^2}{25}+\dfrac{y^2}{9}=1$，其半焦距 $c=\sqrt{25-9}=4$，

所以右焦点为 $(4，0)$，

那么 $|OF|=4$.

假设存在异于原点的点 Q 满足题意，则 $|QF|=4$，从而点 Q 的轨迹为以 F 为圆心，半径为 4 的圆，所求问题转化为此圆与(1)中的圆的交点问题.

圆 F 的方程为 $(x-4)^2 + y^2 = 16$，与方程 $(x+2)^2 + (y-2)^2 = 8$ 联立，

解得 $x = \dfrac{4}{5}$，$y = \dfrac{12}{5}$，或 $x = 0$，$y = 0$.

所以存在异于原点的点 $Q\left(\dfrac{4}{5}, \dfrac{12}{5}\right)$，使得该点到右焦点 F 的距离等于 OF 的长.

点评：根据 $|QF| = |OF| = 4$，运用圆的定义，将问题转化成求圆与圆的交点问题.

二、巧用圆心角定理

例 2：已知 F_1，F_2 是椭圆的两个焦点，满足 $\overrightarrow{MF_1} \cdot \overrightarrow{MF_2} = 0$ 的点 M 总在椭圆内部，则椭圆离心率的取值范围是（ ）.

A. $(0, 1)$　　　B. $\left(0, \dfrac{1}{2}\right]$　　　C. $\left(0, \dfrac{\sqrt{2}}{2}\right)$　　　D. $\left[\dfrac{\sqrt{2}}{2}, 1\right)$

解：由题意知点 M 的轨迹是以 F_1F_2 为直径的圆，点 M 总在椭圆内部，则 $c < b$，故 $c^2 < b^2$，$e^2 < \dfrac{1}{2}$，又 $e \in (0, 1)$，所以 $e \in \left(0, \dfrac{\sqrt{2}}{2}\right)$，故选 C.

点评：根据 $\overrightarrow{MF_1} \cdot \overrightarrow{MF_2} = 0$，运用圆周角定理发现动点 M 的运动轨迹，从而将问题转化为求圆在椭圆内部所满足的几何条件.

三、利用切线长定理

例 3：在平面直角坐标系中，椭圆 $\dfrac{x^2}{a^2} + \dfrac{y^2}{b^2} = 1$ $(a > b > 0)$ 的焦距为 2，过点 $\left(\dfrac{a^2}{c}, 0\right)$ 作以 O 为圆心，a 为半径的圆的两条切线互相垂直，则离心率 $e = \underline{\qquad}$.

解：如图 1，设切点分别为 A，B，因为 PA，PB 互相垂直，半径 OA 垂直于 PA，所以 $\triangle OAP$ 是等腰直角三角形，故 $\dfrac{a^2}{c} = \sqrt{2}a$，解得 $e = \dfrac{c}{a} = \dfrac{\sqrt{2}}{2}$.

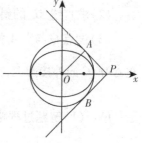

图 1

点评：运用圆的切线长定理发现线段之间的特殊关系，简化计算. 除了切线长定理，还经常运用圆的

切线的性质定理降低解析几何问题的计算量.

四、妙用圆与圆相切的性质

例4：已知圆 M：$(x+1)^2+y^2=1$，圆 N：$(x-1)^2+y^2=9$，动圆 P 与圆 M 外切并且与圆 N 内切，圆心 P 的轨迹为曲线 C，则曲线 C 的方程为_____.

解：由已知得圆 M 的圆心为 $M(-1,0)$，半径 $r_1=1$，

圆 N 的圆心为 $N(1,0)$，半径 $r_2=3$.

设动圆的半径为 R.

∵ 圆 P 与圆 M 外切且与圆 N 内切，

∴ $|PM|+|PN|=(R+r_1)+(r_2-R)=r_1+r_2=4>|MN|$，

由椭圆的定义可知，曲线 C 是以 M，N 为左、右焦点，长半轴长为 2，短半轴长为 $\sqrt{3}$ 的椭圆（左顶点除外），其方程为 $\dfrac{x^2}{4}+\dfrac{y^2}{3}=1(x\neq-2)$.

点评：灵活运用圆与圆外切、内切的几何性质有利于迅速搭建起变量之间的等量关系.

五、活用三角形外接圆、内切圆的性质

例5：已知椭圆 $\dfrac{x^2}{a^2}+\dfrac{y^2}{b^2}=1(a>b>0)$ 的两个焦点分别为 $F_1(-c,0)$ 和 $F_2(c,0)(c>0)$，过点 $E\left(\dfrac{a^2}{c},0\right)$ 的直线与椭圆相交于 A，B 两点，且 $F_1A/\!/F_2B$，$|F_1A|=2|F_2B|$.

(1)求椭圆的离心率；

(2)求直线 AB 的斜率；

(3)设点 C 与点 A 关于坐标原点对称，直线 F_2B 上有一点 $H(m,n)(m\neq0)$ 在 $\triangle AF_1C$ 的外接圆上，求 $\dfrac{n}{m}$ 的值.

解：(1)解题过程略，答案为 $\dfrac{\sqrt{3}}{3}$.

(2)由(1)得 $b^2=a^2-c^2=2c^2$，所以椭圆的方程可设为 $2x^2+3y^2=6c^2$.

设直线 AB 的方程为 $y=k\left(x-\dfrac{a^2}{c}\right)$，即 $y=k(x-3c)$.

由已知设 $A(x_1,\ y_1)$，$B(x_2,\ y_2)$，

则它们的坐标满足方程组 $\begin{cases} y = k(x - 3c), \\ 2x^2 + 3y^2 = 6c^2, \end{cases}$

整理得 $(2 + 3k^2)x^2 - 18k^2 cx + 27k^2 c^2 - 6c^2 = 0$.

依题意，$\Delta = 48c^2(1 - 3k^2) > 0$，得 $-\dfrac{\sqrt{3}}{3} < k < \dfrac{\sqrt{3}}{3}$，

而 $x_1 + x_2 = \dfrac{18k^2 c}{2 + 3k^2}$，①　$x_1 x_2 = \dfrac{27k^2 c^2 - 6c^2}{2 + 3k^2}$，②

由题设知，点 B 为线段 AE 的中点，所以 $x_1 + 3c = 2x_2$，③

联立①③解得 $x_1 = \dfrac{9k^2 c - 2c}{2 + 3k^2}$，$x_2 = \dfrac{9k^2 c + 2c}{2 + 3k^2}$，

将 x_1，x_2 代入②中，解得 $k = \pm\dfrac{\sqrt{2}}{3}$.

(3)由(2)可知 $x_1 = 0$，$x_2 = \dfrac{3c}{2}$，当 $k = -\dfrac{\sqrt{2}}{3}$ 时，得 $A(0,\ \sqrt{2}c)$，

由已知得 $C(0,\ -\sqrt{2}c)$.

线段 AF_1 的垂直平分线 l 的方程为 $y - \dfrac{\sqrt{2}}{2}c = -\dfrac{\sqrt{2}}{2}\left(x + \dfrac{c}{2}\right)$，直线 l 与 x 轴的

交点 $\left(\dfrac{c}{2},\ 0\right)$ 是 $\triangle AF_1 C$ 外接圆的圆心，

因此外接圆的方程为 $\left(x - \dfrac{c}{2}\right)^2 + y^2 = \left(\dfrac{c}{2} + c\right)^2$.

直线 $F_2 B$ 的方程为 $y = \sqrt{2}(x - c)$，

于是点 $H(m,\ n)$ 的坐标满足方程组

$\begin{cases} \left(m - \dfrac{c}{2}\right)^2 + n^2 = \dfrac{9c^2}{4}, \\ n = \sqrt{2}(m - c), \end{cases}$

由 $m \neq 0$，解得 $\begin{cases} m = \dfrac{5}{3}c, \\ n = \dfrac{2\sqrt{2}}{3}c, \end{cases}$ 故 $\dfrac{n}{m} = \dfrac{2\sqrt{2}}{5}$.

当 $k = \dfrac{\sqrt{2}}{3}$ 时，同理可得 $\dfrac{n}{m} = -\dfrac{2\sqrt{2}}{5}$.

点评：三角形外接圆的圆心到三角形各个顶点的距离相等，因此要求三角形外接圆的方程，可先求线段中垂线的交点. 三角形内切圆的圆心到三角形各条边的距离相等，因此要求三角形内切圆的方程，可先求三角形内角平分线的交点.

六、借用圆的对称性

例6：设 P，Q 分别为圆 $x^2 + (y-6)^2 = 2$ 和椭圆 $\dfrac{x^2}{10} + y^2 = 1$ 上的点，则 P，Q 两点间的最大距离是(　　).

A. $5\sqrt{2}$　　　　　B. $\sqrt{46} + \sqrt{2}$　　　　C. $7 + \sqrt{2}$　　　　D. $6\sqrt{2}$

解：设圆心为 C，则 C 的坐标为 $(0,6)$，半径 $r = \sqrt{2}$，

设点 $Q(x_0, y_0)$ 是椭圆上任意一点，则 $\dfrac{x_0^2}{10} + y_0^2 = 1$，

所以 $|CQ| = \sqrt{x_0^2 + (y_0 - 6)^2} = \sqrt{10 - 10y_0^2 + (y_0 - 6)^2} = \sqrt{-9y_0^2 - 12y_0 + 46}$，

当 $y_0 = -\dfrac{2}{3}$ 时，$|CQ|$ 有最大值 $5\sqrt{2}$，

则 P，Q 两点间的最大距离是 $5\sqrt{2} + r = 6\sqrt{2}$，故选 D.

点评：由于圆的对称性，与圆上动点之间距离的最值问题可转化为到圆心距离的最值，其中圆外一点 A 与圆 B（半径为 r）上的动点之间距离的最大值为 $|AB| + r$，最小值为 $|AB| - r$.

我们通过以上例题可以看出，当圆锥曲线问题中出现与圆有关的素材时，可以将代数问题几何化，灵活运用圆的几何性质，从而达到优化思路、简化计算、化繁为简的目的.

（本文发表在《中学生数学》2019 年第 6 期.）

例谈基本不等式运用的常见策略

惠州市第一中学　刘宏英

　　基本不等式是高中数学中一个重要的不等式，它形式简单、灵活多变，在证明、求最值等方面有着广泛的应用. 运用基本不等式求解的题目，首先要满足"一正、二定、三相等"，其次我们要灵活构造和或者积为定值. 由于题中所给形式比较丰富，因此很多学生存在灵活运用的困难. 针对这种情况，下面笔者举例说明基本不等式运用的常见策略.

一、拼凑常数

例1：函数 $f(x) = \dfrac{9}{x-5} + x (x < 5)$ 的最大值是_____.

解：因为 $x < 5$，所以 $5 - x > 0$，

所以 $f(x) = -\left[\dfrac{9}{5-x} + (5-x) \right] + 5 \leqslant -2\sqrt{9} + 5 = -1$，

当且仅当 $\dfrac{9}{5-x} = 5 - x$，即 $x = 2$ 时等号成立，

所以 $f(x)$ 的最大值是 -1.

评析：根据题中所给条件的特点，我们拼凑恰当的常数可以构造和或者积为定值，同时要注意基本不等式运用的条件.

二、拼凑系数

　　例2：某工厂生产某种产品，每日的成本 C(单位：万元)与日产量 x(单位：吨)满足函数关系式 $C = 3 + x$，每日的销售额 S(单位：万元)与日产量 x 的函数

关系式为 $S = \begin{cases} 3x + \dfrac{18}{x-8} + 5, & 0 < x < 6, \\ 14, & x \geq 6, \end{cases}$ 已知每日的利润 $L = S - C$，当日产量为多

少吨时，每日的利润可以达到最大？并求出最大值.

解：当 $0 < x < 6$ 时，$L = 2x + \dfrac{18}{x-8} + 2$，

所以 $L = 2x + \dfrac{36}{2x - 16} + 2 = -\left[(16 - 2x) + \dfrac{36}{16 - 2x} \right] + 18 \leq -2\sqrt{36} + 18 = 6$，

当且仅当 $16 - 2x = \dfrac{36}{16 - 2x}$，即 $x = 5$ 时取到等号；

当 $x \geq 6$ 时，$L = 11 - x \leq 5$.

所以当 $x = 5$ 时，L 取得最大值 6.

所以当日产量为 5 吨时，每日的利润可以达到最大值 6 万元.

评析： 恰当地拆项、添项、拼凑系数可以实现构造和或者积为定值，但拆与添的过程中，一要注意使用的条件（两数都为正），二要注意等号成立的条件.

三、常数代换

例3： 若直线 $\dfrac{x}{a} + \dfrac{y}{b} = 1$ ($a > 0$，$b > 0$) 过点 $(1，2)$，则 $2a + b$ 的最小值为 _____.

解：由已知可得 $\dfrac{1}{a} + \dfrac{2}{b} = 1$，故 $2a + b = (2a + b)\left(\dfrac{1}{a} + \dfrac{2}{b} \right) = 4 + \dfrac{b}{a} + \dfrac{4a}{b} \geq 4$

$+ 2\sqrt{4} = 8$，当且仅当 $\dfrac{b}{a} = \dfrac{4a}{b}$，即 $a = 2$，$b = 4$ 时等号成立.

评析： 由题中所给条件得到形如 $\dfrac{m}{a} + \dfrac{n}{b} = 1$ (m，n 为常数) 的方程，求 $ax + by$ (a，b 都不为 0) 的最值时可利用 "1" 的代换，通过 $ax + by = (ax + by)$ $\left(\dfrac{m}{a} + \dfrac{n}{b} \right)$，展开后构造乘积为定值. 注意本题中的条件也常以 $2a + b - ab = 0$ 的形式给出.

四、分离和积

例4： 若正实数 x，y 满足 $2x + y - xy + 6 = 0$，则 xy 的最小值为 _____.

解：$xy = 2x + y + 6 \geqslant 2\sqrt{2xy} + 6$，令 $xy = t^2 (t > 0)$，可得 $t^2 - 2\sqrt{2}t - 6 \geqslant 0$，解得 $t \geqslant 3\sqrt{2}$，当且仅当 $2x = y$，即 $x = 3$，$y = 6$ 时等号成立，故 xy 的最小值为 18.

评析： 当变量的和与积在同一方程出现时，可采用分离和与积的策略运用基本不等式得到不等式，再通过解不等式求得最值.

五、逆用变用

例 5： 若 $x > 0$，$y > 0$，且 $2x^2 + \dfrac{y^2}{3} = 8$，求 $x\sqrt{6 + 2y^2}$ 的最大值.

解： 由 $2x^2 + \dfrac{y^2}{3} = 8$ 得到 $6x^2 + y^2 = 24$，

所以 $x\sqrt{6 + 2y^2} = \sqrt{12x^2} \cdot \sqrt{6 + 2y^2} \cdot \dfrac{1}{\sqrt{12}} \leqslant \dfrac{12x^2 + 6 + 2y^2}{2} \cdot \dfrac{\sqrt{3}}{6}$

$= 27 \times \dfrac{\sqrt{3}}{6} = \dfrac{9\sqrt{3}}{2}$.

本题中由于已知条件中有关 x，y 的式子均为平方式，而所求式中 x 是一次的，且根号下 y 是二次的，因此可以平方后再求最值.

另解： $(x\sqrt{6 + 2y^2})^2 = x^2(6 + 2y^2) = 3 \cdot 2x^2\left(1 + \dfrac{y^2}{3}\right)$

$\leqslant 3 \cdot \left(\dfrac{2x^2 + 1 + \dfrac{y^2}{3}}{2}\right)^2 = 3 \times \left(\dfrac{9}{2}\right)^2$.

当且仅当 $2x^2 = 1 + \dfrac{y^2}{3}$，即 $x = \dfrac{3}{2}$，$y = \dfrac{\sqrt{42}}{2}$ 时，等号成立.

故 $x\sqrt{6 + 2y^2}$ 的最大值为 $\dfrac{9\sqrt{3}}{2}$.

评析： 要做到灵活应用基本不等式，除了应掌握基本不等式的原形之外，还必须熟悉以下几种常见的变化形式：$a + b \geqslant 2\sqrt{ab}$，$ab \leqslant \left(\dfrac{a+b}{2}\right)^2$，$\dfrac{a+b}{2} \leqslant \sqrt{\dfrac{a^2 + b^2}{2}}$，它们也有较多的应用.（以上各式中 a，b 都是正数，当且仅当 $a = b$ 时取 "=" 号）

例如，设 a，$b \in \mathbf{R}^+$，且 $a + b = 1$，则 $\sqrt{2a + 1} + \sqrt{2b + 1}$ 的最大值

是_____.

解：$\dfrac{\sqrt{2a+1}+\sqrt{2b+1}}{2} \le \sqrt{\dfrac{(\sqrt{2a+1})^2+(\sqrt{2b+1})^2}{2}} = \sqrt{\dfrac{2(a+b)+2}{2}} =$

$\sqrt{2}$，当且仅当 $a=b=\dfrac{1}{2}$ 时等号成立，所以 $\sqrt{2a+1}+\sqrt{2b+1}$ 的最大值为 $2\sqrt{2}$.

六、分式变形

例6：已知 a，$c>0$，且 $ac=4$，求 $\dfrac{1}{c+1}+\dfrac{9}{a+9}$ 的最大值.

解：$\dfrac{1}{c+1}+\dfrac{9}{a+9} = \dfrac{1}{\dfrac{4}{a}+1}+\dfrac{9}{a+9} = \dfrac{a^2+18a+36}{a^2+13a+36} = 1 + \dfrac{5a}{a^2+13a+36} = 1 +$

$\dfrac{5}{a+13+\dfrac{36}{a}} \le 1 + \dfrac{5}{2\sqrt{36}+13} = \dfrac{6}{5}$，当且仅当 $a = \dfrac{36}{a}$，即 $a=6$ 时取等号，所以最

大值为 $\dfrac{6}{5}$.

评析：运用基本不等式求形如 $\dfrac{f(x)}{g(x)}$ 型的函数最值，目标是转化成 $Ax+\dfrac{B}{x}+$

C 的形式，构造积为定值. 若 $f(x)$ 的次数等于 $g(x)$ 的次数，先分离常数；若 f (x) 的次数小于 $g(x)$ 的次数，先取倒数；若 $f(x)$ 的次数大于 $g(x)$ 的次数，先除以 $g(x)$. 注意，运用基本不等式时若等号取不到，则可利用函数单调性求解.

七、连用不等式

例7：若 a，$b \in \mathbf{R}$，且 $ab>0$，则 $\dfrac{a^4+4b^4+1}{ab}$ 的最小值为_____.

解：$\dfrac{a^4+4b^4+1}{ab} \ge \dfrac{2\sqrt{a^4 \cdot 4b^4}+1}{ab} = 4ab+\dfrac{1}{ab} \ge 2\sqrt{4} = 4$，两次等号成立的条

件是 $\begin{cases} a^2=2b^2, \\ 4ab=\dfrac{1}{ab}, \end{cases}$ 即 $\begin{cases} a=\dfrac{\sqrt[4]{8}}{2}, \\ b=\dfrac{\sqrt[4]{2}}{2} \end{cases}$ 或 $\begin{cases} a=-\dfrac{\sqrt[4]{8}}{2}, \\ b=-\dfrac{\sqrt[4]{2}}{2} \end{cases}$ 时等号成立，所以最小值是4.

评析：有些题需要多次运用基本不等式才能求出最值，此时必须确保等号的成立具有一致性.

基本不等式的运用灵活多变，但也不是无章可循．仔细研究题中所给条件的特点，恰当运用以上几种策略进行转化，找到所求式子与基本不等式之间的思维通道，最值问题便可迎刃而解．

（本文发表在《中学生数学》2019 年第 7 期．）

例谈以教材习题为载体培养学生的
转化与化归能力

惠州市第一中学　刘宏英

　　数学问题的解决过程是一个缩小已知与未知差异的过程，也就是通常所说的"把生题转化为熟题"的过程．作为实现这一目标的解题策略，化归与转化思想时时刻刻渗透在学生学习的过程中．在高中数学问题的解决过程中，我们经常需要将未知转化为已知，将陌生转化为熟悉，将繁杂转化为简单，这些都是化归与转化思想的体现．化归与转化通常应遵循熟悉化、简单化、和谐化、直观化、正难则反等原则．

　　在日常教学中，教师培养学生转化与化归能力的主要方法有两种：一是变换题目的条件或结论，即将原题的条件或结论进行变动或加深，但所用的知识不离开原题的范围；二是把条件一般化，即将原题中的特殊条件改为具有普遍性的条件，使题目具有一般性．培养学生转化与化归能力的教学素材有很多，其中教材习题具有其独特的优势．教材习题作为教材的有机组成部分，具有示范性、典型性和探究性，因此教师以教材习题为载体培养学生的转化与化归能力，不仅可以培养、巩固学生的基础知识和基本技能，而且有利于学生找到新问题与旧问题之间的内在联系，跨越思维障碍，构建知识体系，体验数学的发现和创造的历程，从而促进学生学习的主动性，培养学生的创新精神和思维的深刻性．

　　下面就以《普通高中教科书·数学·选择性必修第二册》的一道习题为例，来说明如何使用教材习题培养学生的转化与化归能力．

一、把握本质，形成模式

题目：利用函数的单调性，证明不等式：$e^x > 1 + x(x \neq 0)$.

证明：设 $f(x) = e^x - (1 + x)(x \neq 0)$，则 $f'(x) = e^x - 1$.

当 $x > 0$ 时，$e^x - 1 > 0$，$f(x)$ 是增函数，所以 $f(x) > f(0) = 0$；

当 $x < 0$ 时，$e^x - 1 < 0$，$f(x)$ 是减函数，所以 $f(x) > f(0) = 0$.

所以 $e^x > 1 + x(x \neq 0)$.

本题是证明函数型不等式的一道典型题，可以帮助学生把握问题本质，明确思路，形成模式：

1. $f(x) > g(x)$ 恒成立 $\Leftrightarrow f(x) - g(x) > 0$ 恒成立 $\Leftrightarrow F(x) = f(x) - g(x) > 0$ 恒成立 $\Leftrightarrow F(x)_{\min} > 0$ 恒成立.

2. $f(x) < g(x)$ 恒成立 $\Leftrightarrow f(x) - g(x) < 0$ 恒成立 $\Leftrightarrow F(x) = f(x) - g(x) < 0$ 恒成立 $\Leftrightarrow F(x)_{\max} < 0$ 恒成立.

转化思路是构造新函数，利用导数确定新函数的单调性，进而求出新函数的极值、最值.

该题目可以进行丰富的变化，是很多高考压轴题的影子试题，例如：

已知函数 $f(x) = \ln(1 + x) - \dfrac{x(1 + \lambda x)}{1 + x}$.

(1)若 $x \geqslant 0$ 时，$f(x) \leqslant 0$，求 λ 的最小值；

(2)设数列 $\{a_n\}$ 的通项 $a_n = 1 + \dfrac{1}{2} + \dfrac{1}{3} + \cdots + \dfrac{1}{n}$，证明：$a_{2n} - a_n + \dfrac{1}{4n} > \ln 2$.

已知函数 $f(x) = x^2 \ln x$.

(1)求函数 $f(x)$ 的单调区间；

(2)证明：对任意的 $t > 0$，存在唯一的 s，使 $t = f(s)$；

(3)设(2)中所确定的 s 关于 t 的函数为 $s = g(t)$，证明：当 $t > e^2$ 时，有 $\dfrac{2}{5} < \dfrac{\ln g(t)}{\ln t} < \dfrac{1}{2}$.

该类题目涉及了高中数学几种重要的数学思想——函数思想、分类讨论思想、数形结合思想，是培养学生数学思维灵活性与深刻性以及转化与化归能力的优良载体.

二、简单变化，丰富表象

教师在教学中应引导学生对题目的形式进行等价变形：

变式 1：已知 $x > 0$，求证：$\ln(1 + x) < x$.

变式 2：已知 $x > 1$，求证：$\ln x < x - 1$.

变式 3：已知 $x > 0$，求证：$\dfrac{\ln(1 + x)}{x} < 1$.

学生通过对原式的简单变形可以培养思辨能力、指数与对数互化的能力，对同一问题的不同形式会有较为丰富的认识．根据维果斯基的"最近发展区理论"，这样的变化可以为学生解决更加复杂和隐蔽的问题"搭建脚手架"．

变式 4：已知 $x > y > 0$，求证：$(1 + x)^y < (1 + y)^x$.

教师引导学生将目标式与前面的 3 个变式进行比较，找出联系：

目标不等式等价于 $y\ln(1 + x) < x\ln(1 + y)$，

进而等价于 $\dfrac{\ln(1 + x)}{x} < \dfrac{\ln(1 + y)}{y}$，

若设函数 $f(t) = \dfrac{\ln(1 + t)}{t}$，$t > 0$，本题只需证明 $f(t) = \dfrac{\ln(1 + t)}{t}$，$t > 0$ 的单调性即可，于是和变式 3 联系起来．

如果本题直接出现，那么大多数学生会束手无策，但是有了前面 3 道题的铺垫，找到指、对数互化这座桥梁，以及构造函数证明不等式的解题模式，本题就迎刃而解了．

三、深度拓展，纵横联系

与函数有关的不等式问题是学生的思维难点，因此不能浅尝辄止．而教师要做好这一习题的深度拓展，就要激发学生的学习动力．在熟悉前 4 个变式题的基础上，教师还要引导学生对与此题有关的、比较隐蔽的影子题目进行深入探究，将学生的思维能力向更高难度的构造型问题发展，加强学生思维的深度．教师在教学中可再抛出下列问题：

变式 5：设函数 $f(x) = \ln x - px + 1 (p > 0)$，证明：

$$\frac{\ln 2^2}{2^2} + \frac{\ln 3^2}{3^2} + \cdots + \frac{\ln n^2}{n^2} < \frac{2n^2 - n - 1}{2(n + 1)} (n \in \mathbf{N}, \ n \geqslant 2).$$

证明：令 $p=1$，得到 $f(x)=\ln x-x+1$，可得 $\ln x\leqslant x-1$.

$\because n\in \mathbf{N}$，$n\geqslant 2$，$\therefore \ln n^2\leqslant n^2-1$，

$\therefore \dfrac{\ln n^2}{n^2}\leqslant \dfrac{n^2-1}{n^2}=1-\dfrac{1}{n^2}$，

$\therefore \dfrac{\ln 2^2}{2^2}+\dfrac{\ln 3^2}{3^2}+\cdots+\dfrac{\ln n^2}{n^2}\leqslant \left(1-\dfrac{1}{2^2}\right)+\left(1-\dfrac{1}{3^2}\right)+\cdots+\left(1-\dfrac{1}{n^2}\right)$

$<(n-1)-\left[\dfrac{1}{2\times 3}+\dfrac{1}{3\times 4}+\cdots+\dfrac{1}{n(n+1)}\right]=\dfrac{2n^2-n-1}{2(n+1)}$，

$\therefore$ 结论成立.

变式 6： 证明 $\left(1+\dfrac{1}{3}\right)\left(1+\dfrac{2}{3^2}\right)\left(1+\dfrac{3}{3^3}\right)\cdots\left(1+\dfrac{n}{3^n}\right)<\mathrm{e}(n\in \mathbf{N}^*)$.

证明：原不等式等价于 $\ln\left(1+\dfrac{1}{3}\right)+\ln\left(1+\dfrac{2}{3^2}\right)+\left(1+\dfrac{3}{3^3}\right)+\cdots+$

$\ln\left(1+\dfrac{n}{3^n}\right)<1$，

设函数 $f(x)=\ln(1+x)-x$，$x>0$，得 $\ln(1+x)<x$，

所以 $\ln\left(1+\dfrac{n}{3^n}\right)<\dfrac{n}{3^n}$，

$\ln\left(1+\dfrac{1}{3}\right)+\ln\left(1+\dfrac{2}{3^2}\right)+\ln\left(1+\dfrac{3}{3^3}\right)+\cdots+\ln\left(1+\dfrac{n}{3^n}\right)<\dfrac{1}{3}+\dfrac{2}{3^2}+\dfrac{3}{3^3}+\cdots+\dfrac{n}{3^n}$

$=\dfrac{3}{4}-\dfrac{1}{4\cdot 3^{n-1}}-\dfrac{n}{2\cdot 3^n}<\dfrac{3}{4}$，

所以 $\ln\left[\left(1+\dfrac{1}{3}\right)\left(1+\dfrac{2}{3^2}\right)\left(1+\dfrac{3}{3^3}\right)\cdots\left(1+\dfrac{n}{3^n}\right)\right]<\dfrac{3}{4}$，

所以 $\left(1+\dfrac{1}{3}\right)\left(1+\dfrac{2}{3^2}\right)\left(1+\dfrac{3}{3^3}\right)\cdots\left(1+\dfrac{n}{3^n}\right)<\mathrm{e}^{\frac{3}{4}}<\mathrm{e}(n\in \mathbf{N}^*)$，

原不等式成立.

变式 5，6 综合考查了函数、数列、不等式的交汇知识，基本上属于高考压轴题的难度，已经不能直接看到原题的形式了. 找准思路，熟练掌握原题的常见变化形式是解此类题的关键，所以此类题对学生等价转化能力的要求很高. 如果学生能够领会这两道题较为隐蔽的变形规律，那么前面给出的高考试题便可迎刃而解.

"源于教材而高于教材"是高考的命题原则之一，每年的高考题中都有一些似曾相识的题目可以在教材中找到它们的影子. 教师在教学中，如果对典型习

题使用得当，层层递进地引导、启发学生的思维，那么一定可以大大增强学生提出问题、分析问题和解决问题的能力，加深学生对数学问题本质的认识，享受数学发现和创造的乐趣.

（本文获得惠州市论文评选一等奖.）

数学建模论文：水流车更流

——关于如何解决桥梁交通拥堵问题的探究

惠州市第一中学　曾一航　卢树衡　王昱翔　伍嘉睿

指导老师　　刘宏英

一、问题陈述

在第三次科技革命的推动下，汽车行业飞速发展，在给人类出行带来巨大便利的同时，又给世界各地带来了一个共同的难题——交通拥堵．其中，桥梁作为连接隔水两岸的主要交通枢纽，其交通拥堵问题更为严重，从而导致桥上承载车辆过多，使桥梁寿命大大减少，甚至引起坍塌事故，因此对其交通拥堵问题的探究和解决就显得至关重要．本文主要通过对宏观真实数据的整合分析，探究桥头、桥尾的红绿灯时间，桥上车道数与桥上车流量的关系，以及单双号限行政策，有针对性地提出建议方案，致力于使桥上通车如流水般顺畅．

1．提出问题

问题 1：我们以单位时间内车流量数据为基础，把车流量与其各个主要影响因素建立起一次函数模型，用 Excel 分别绘制出各个主要影响因素与车流量的函数图像，得出相应关系，最后综合性评估出各主要情况．

问题 2：通过使用 Excel、几何画板建立模型，讨论相应的决策．

问题 3：将上述讨论推广到更一般的问题决策．

问题 4：形成结论，给交通部门和群众提供合理的解决方案．

2．影响堵塞的因素

毫无疑问，每个城市的每个路段的情况都有所不同，这就造成了不同路段不同的交通状况．因此，我们了解每个路段所具有的特点，因地制宜地制订解决方案，更能对症下药，尽可能地缓解交通堵塞的状况．此次探究将对本市 A，B，C 这三座桥的堵塞因素：桥面长度、宽度，上下班高峰期，车辆数，红绿灯时间，商业与居住地段，政府政策等进行深入挖掘．

二、模型假设

(1)针对探究中的因素，均设为定值，暂不讨论不确定因素，如：人为因素、不可抗力、突发事件等情况．

(2)针对所设定的各个变量，均以设定一个变量，其他变量暂定为定量的方法来探究，最终结合模型罗列出不同变量的影响．

(3)针对从指定地点出发的问题，为的是探究最优路径方案，故不考虑从较通畅的地方出发，因为此时基本无须做出选择最优路径的决定．

三、模型建立及求解

1. 探究造成三桥堵塞的原因

本问题根据已知数据绘制简单的函数图像，分析交通堵塞的原因．

2. 因素

(1)由地域图像可以看出，三座桥都是横跨同一条河流，从一岸到另一岸，连通两块大陆．东江的北面是近几年新建起来的地区，具有许多幢商业办公写字楼、豪华酒店和大型购物超市，而且通往临近城市的高速公路大多在北边．南边则是较早的繁华区域，整个城市大多数居民居住于此．根据同一时段不同方向的车流量数可知，堵塞的地方之一为商业与居住地段．在上班高峰时段，桥的堵塞严重方向是从居住地向办公地．在下班时段，堵塞严重的方向一般为从办公地向居住地．由 A 桥流量远大于另外两座桥，可知偏东地带堵塞更为严重．

(2)从较细的时间来看，12 月 12 日(星期一)早上上班高峰期桥上往返车流量普遍多余下班高峰期往返车流量(如图 1)．结合图 2 可以看出，连续两日的车流量变化呈起伏的"W"状，但后两日平均最大车流量均小于 12 月 12 日．由此可知，早晚大型社会统一活动时间段和每周一开始的上班时间段、每周五结束的上班时间段均会造成严重堵塞．再根据日常规律可知，春节、国庆节、清明节等大型节假日的早晚时间段均可能造成严重堵塞，寒暑假因个人出行计划或工作时间不同，相比于平常工作日，堵车不是那么严重，但仍有可能出现连续堵塞情况.

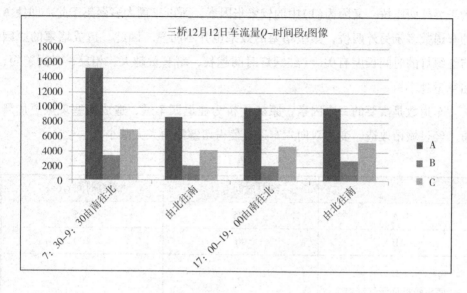

图1

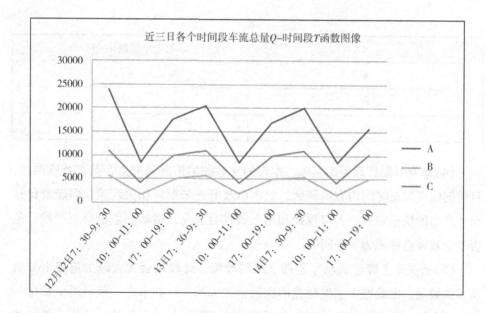

图2

（3）由表1可以看出，三座桥的红绿灯时长为 A > B > C，由表2可知 A 双向车道为6道，B，C 车道数均为4道. 各个时间段车流总量为 A > B > C. 由此可得出，A 红绿灯时间较长，因此每个周期放行和拦住车辆多，造成车流量远大于另外两座桥. 又因为(1)中的较繁华因素，所以车辆大多聚集于此. 即使 A 的车道数多于另外两桥，减缓堵塞的效果也并不明显. 因此，造成堵塞的原因与红绿灯的时间长度有关.（红绿灯时间越长，堵塞量越大；相反，时间越短，堵塞量越小）

车道数是次要的一个因素，原来 A 桥为往返四车道，造成堵塞现象更加严重. 经过城市改造，变为双向六车道，使得堵塞压力大大减小.

表 1

	红灯时间 $t_1(s)$	绿灯时间 $t_2(s)$
A	105	135
B	90	100
C （两头较近处无红绿灯）	0	0

表 2

	双向车道数 n（道）
A	6
B	4
C	4

(4)单双号限行政策的实施. 本市的交通拥堵情况只发生在某些特殊路段，且情况能在较短时间内有所缓解，故本市政府并未制定相关政策. 但随着科技与生产力的快速发展，人口规模和用车数将会提高，堵塞现象也会更严峻，是否制定政策也将成为一个问题.

(5)有关未上牌非机动车不能上路的政策. 此政策会大大减少道路上非机动车的数量，因此路上发生碰撞的次数会大大减少. 如果在一条车道上发生一起交通事故，那么交警最快赶到的时间约为 10 分钟 ~ 15 分钟. 即使交警处理得迅速，也需花费将近 20 分钟的时间. 但此时这条车道的大部分会因此堵住，此车道的车将会变道，因此另外车道上的车数会大大增加，造成拥堵. 故此政策是减缓拥堵现象的因素之一.

3. **探究桥长、最大限速和车流量大小对红绿灯时间分配的关系**

由于红绿灯的红灯和绿灯时间的分配不当，会导致部分车辆滞留在桥面上，滞留车辆的堆积就会导致交通的堵塞情况越来越严重．因此，我们就需要探究桥长、最大限速、车流量大小与红绿灯时间分配的关系．

在此次探究中，我们排除了人体反应时间、人为因素、不可抗力因素等种种难以测量的因素对探究的影响．桥头红灯时间设定为 60 秒，车与车之间的间隔为车辆平均长度与平均安全距离之和，长度约为 $2.5 + 0.5 = 3.0(\mathrm{m})$．

本探究所用的量见表 3．

表 3

桥长（单位：米）	s
第一辆车通过时间（单位：秒）	t
最后一辆车通过时间（单位：秒）	t'
最大限速（单位：千米/时）	v
每两小时车流量（单位：辆）	c
滞留车辆长度（单位：米）	s'

根据所测数据 c，可知每分钟的车流量为 $\dfrac{c}{120}$，所以桥头红灯滞留车辆长度为 $\dfrac{c}{120} \times 3.0 = \dfrac{c}{40}$．第一辆车由于前方无滞留车辆，因此通过桥的时间应为桥长除以速度，即 $t = \dfrac{3.6s}{v}$（单位：秒）．最后一辆车前方有滞留车辆，因此时间为 $\dfrac{(s'+s) \times 3.6}{v}$，即 $t' = \left(\dfrac{c}{40} + s\right) \times \dfrac{3.6}{v}$．

（1）探究桥长 s 对红绿灯时间的影响．

在这里，设 $v = 40$，$c = 10000$，

则第一辆车的通过时间 t 与桥长 s 的关系式为 $t = \dfrac{3.6s}{40}$，

图像见图3.

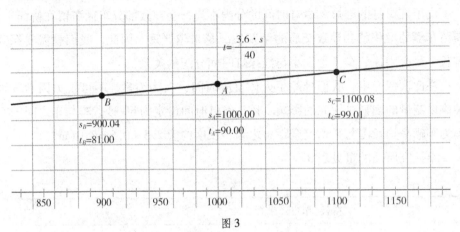

图 3

最后一辆车的通过时间 t' 与桥长 s 的关系式为：

$$t' = \left(\frac{c}{40} + s\right) \times \frac{3.6}{v} = \frac{900 + 3.6s}{v} = 22.5 + 0.09s,$$

图像见图4.

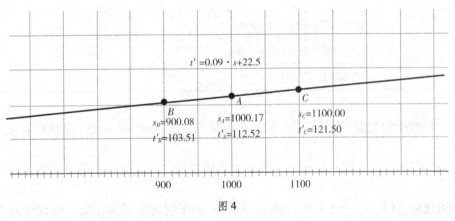

图 4

根据图3和图4可知，当 $s = 900$ 时，$t = 81$，$t' = 103.5$；当 $s = 1000$ 时，$t = 90$，$t' = 112.5$；当 $s = 1100$ 时，$t = 99$，$t' = 121.5$. 由数据可知，s 越长桥头绿灯与桥尾绿灯的差值越大，但第一辆车与最后一辆车的时间差不变，即桥尾绿灯的持续时间与桥长无关. 又 s 取 $900 \sim 1100$ 符合平均跨江桥梁的桥长，因而该数据对于一类桥有普遍性. 但由于没有考虑难以测量的数据，因此会导致 t 与 t' 在实际中相差偏大. s 一般是一个定值，故因地制宜调整红绿灯时间不用考虑桥长因素.

（2）探究最大限速 v 对红绿灯时间的影响.

在这里，车流量 $c = 10000$，桥长 $s = 1000$，

所以第一辆车的通过时间 t 与最大限速 v 的关系式为 $t = \dfrac{1000 \times 3.6}{v} = \dfrac{3600}{v}$.

图像见图5.

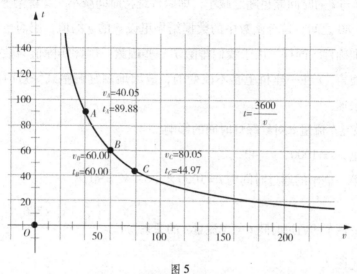

图 5

最后一辆车的通过时间 t' 与最大限速 v 的关系式为 $t' = \left(\dfrac{c}{40} + s \right) \times \dfrac{3.6}{v} = \dfrac{4500}{v}$,

图像见图6.

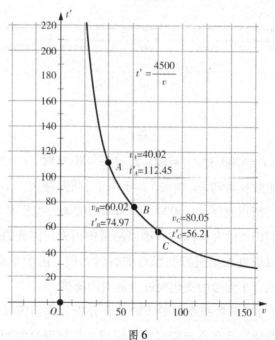

图 6

根据图像可知，当 $v=40$ 时，$t=90$，$t'=112.5$；当 $v=60$ 时，$t=60$，$t'=75$；当 $v=80$ 时，$t=45$，$t'=56$. 由数据可知，v 越大，桥头桥尾的绿灯时间差越小，且 t 与 t' 的时间差也随之减小，即绿灯维持时间减小. 又桥梁上最高限速 v 也在 $40\sim80$ 之间，符合函数中的数据结果里设置的 v 的值，因而也有一定的普遍性和准确性. 同样，由于我们排除了一些因素，因此实际值与数据相差较大. 一般而言，v 在一座桥上是不改变的，故因地制宜调整红绿灯时间也不必考虑最大限速.

（3）探究车流量 c 对红绿灯时间的影响.

在这里，$s=1000$，$v=40$，

所以第一辆车的通过时间为 $t=1000\times3.6\div40=90$，

最后一辆车的通过时间 t' 与车流量 c 的关系为 $t'=\dfrac{\left(\dfrac{c}{40}+s\right)\times3.6}{v}=\dfrac{9c}{4000}+90$，

图像见图7.

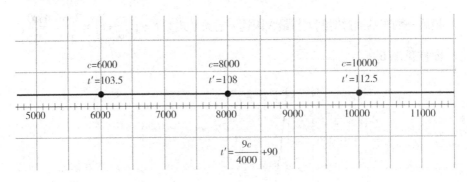

图7

根据图7，当 $c=6000$ 时，$t'=103.5$；当 $c=8000$ 时，$t'=108$；当 $c=10000$ 时，$t'=112.5$. 由数据可知，c 越大，t 与 t' 的时间差越大，车流量的大小随时间的变化而变化，所以选了 $c=6000$，8000 和 10000，保证数据适用于一般情况. 此过程中我们仍然没有考虑一些难以测量的因素，因此数据会与实际有很大差距，但仍可以根据数据进行红绿灯的时间调控. 由于车流量的不确定性，红绿灯的时间应结合车流量的变化而进行适当的调整.

（4）总结：通过对函数图像与图表的结合分析，我们建议调整红绿灯时间应考虑车流量的变化，且在高峰期时间段应增大桥尾绿灯时间，调整量至少为

15 s，而在非高峰期可适量减少绿灯时间，以便缓解其他地方的交通．最大限速和桥长对于同一座桥而言基本上都是定值，因而不必考虑此两点．

4. 换"桥"问题、交通堵塞问题和其他因素的问题

（1）换"桥"问题：现实生活中，人难免会遇到紧急事件的发生，这时，谁都会想要立马到达想要去的目的地，此时选择一个最短路径就可以完美地解决问题．

（2）本例将假设上班高峰期从 A 南桥头出发，到达位于北岸江边的富力国际中心．根据问题 1，2 分析，A 已堵塞，B，C 畅通（实际较为畅通，为题目探究方便设为畅通）．

（3）探究更准确的红绿灯时间与其他因素的关系：由于时间不够以及准备得不充分，导致函数图像以及数据会与实际值有较大偏差，因而需要找更多与此相关的因素，例如人的平均反应时间、交通事故、桥头桥尾的岔路等．在接下来的探究中，我们应将更多的因素加入之前的问题中，使函数更具有说服力和普遍性，以及使用价值．

5. 合理化建议

针对 4. 换"桥"问题、交通堵塞问题和其他因素的问题的报告：在问题 1，2 中，我们通过简单的图表及模型清晰地反映出各主要因素对车流量的影响，找出了造成交通拥堵的因素，现综合各主要因素及我们对探究的改进设想提出相应的合理化建议．

建议 1：①各桥拥堵中，红绿灯时间分配的不合理是一种重要因素，经一系列分析计算，建议桥头绿灯亮约 90 秒后桥尾绿灯随之亮起，且桥头红灯时间应控制在一分钟以上，以减少上桥车辆，同时桥尾绿灯应至少高于 30 秒，从而保证首尾的高效率行进．②在已有的探究基础上，更深层次的建议是通过卫星实时监控桥上通车信息来适时调节红绿灯时间，利用互联网与交通网的"双网效益"以达到通车的高效率．

建议 2：①A 的两岸经济发展与桥梁基础建设不同步，两岸既已高楼林立，商业中心雨后春笋般探头，大桥的基础建设必当形影不离，故我们建议在经济条件允许和桥身质量良好的条件下可考虑增设 A 收费快车道分割车流，经济条件较好的车主可选择付费通行单行快车道，这样既可以对大桥交通拥堵状况有

所缓解，也可获得一定的经济效益. ②长期来说，可考虑在彼岸东江公园旁立基设引桥，再建造一座大桥将 C 和 A 的车流吸引过来，这也不失为一种好的对策.

建议 3：根据我们继续深入探究的设想，鉴于北京在奥运会期间实行的单双号限行政策对缓解交通压力起到了极大作用，我们大胆建议可在节假日等车流量大的时间试用该政策，根据效果的好坏适当取舍.

建议 4：在对实验探究的改进中，我们研究了桥两岸路旁边停车数与车流量的关系，基本发现两者成正比例，即停车数越多，桥上滞留车流量越多. 为此，我们建议增设公共停车场或降低桥边小区停车场收费价格，且严格限定引桥及其周边道路的停车限时，以减少停车数量，从而保证桥上车辆的高效通行.

以上建议均由我们通过探究提出的，仅供参考，若能采纳，实属幸甚，为了让桥梁的拥堵问题有所缓解，达到"水流车更流"的流畅境界，我们将继续深入探究，以期望提出更好的建议.

6. 模型评价

(1)问题1，2 所选择探究的因素为该地段造成堵塞的主要因素，针对不同方面，较为详细地说明了不同因素的不同影响. 绘出图像，较为直观，简洁明了，为下面更深入的探究提供更便捷的材料，更利于提出合理的解决方案.

(2)上述探究总体涉及因素较少，提供的解决方案可能只适用于该路段，而对于全国普遍存在的堵塞现象的缓解所起的作用较小.

(3)根据改进方向，我们将会更贴合实际，联系真实情况和总体情况进行分析. 例如根据堵车时间，我们是否选择较远的、通顺的桥梁去往目的地，比较两者所用的时间，从而确定最优方案.

附：2017 年"登峰杯"数学建模竞赛题目

交通拥堵是绝大多数城镇普遍存在的问题，直接影响人们的生活质量. 你们所在的城镇也堵吗？距离理想的智慧城市差距在哪里呢？充分发挥你们的观察力，设计合理的分析路径，凝练出你们所在城镇交通拥堵的突出问题(提出好问题其实非常不平凡，其重要性绝对不在解决问题之下)，拍摄并提交一段视频(手机拍摄就可以)支撑和简单说明你们的论点. 不必要追求所谓的"高大上"，建议从你们身边感触最深的痛点入手，哪怕是聚焦一个路口交通的改善.

问题 1：根据你们凝练出来的问题和设定的分析路径，搜集相关数据，特别是关注你们身边的第一手数据和资料，通过数学建模的方法，分析该问题的成因.

问题 2：在初步分析问题的基础上，通过进一步的数学建模，深入讨论并给出交通改善的长期应对策略和可操作的解决方案. 努力发挥你们的原创精神！

问题 3：在解答问题 1 和 2 的基础上，思考如何更深入、系统地研究这个问题. 给出你们的研究计划，同时在初赛结束后检验你们的结论，并按研究计划继续开展你们的研究工作.

问题 4：针对问题 1 和问题 2 你们所研究的问题，结合以上讨论内容，用通俗的语言写一篇不超过一页 A4 纸的报告，给城市交通管理部门提供决策参考.

关于椭圆的一道教材习题推广

惠州市实验中学　邱礼明

　　笔者在讲解数学人教 A 版选修 2 – 1 教材中"圆锥曲线与方程"这节课的一道椭圆习题(如下)时,有学生提出:"能否将其推广到一般情形?是否具有某种规律?"课后,笔者顺利地将其推广到椭圆和双曲线的一般情形,现整理成文,和同行交流.

一、题目

　　人教 A 版选修 2 – 1 第 50 页 B 组第 4 题(选修 1 – 1 第 43 页 B 组第 3 题):如图 1,矩形 ABCD 中, $|AB| = 8$, $|BC| = 6$. E , F , G , H 分别是矩形四条边的中点, R , S , T 是线段 OF 的四等分点, R' , S' , T' 是线段 CF 的四等分点. 请证明直线 ER 与 GR' , ES 与 GS' , ET 与 GT' 的交点 L , M , N 都在椭圆 $\dfrac{x^2}{16} + \dfrac{y^2}{9} = 1$ 上.

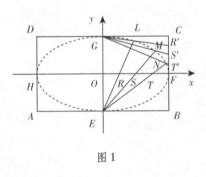

图 1

二、性质

　　性质 1:如图 2,矩形 ABCD 中, $|AB| = 2a$, $|BC| = 2b$. E , F , G , H 分别是矩形四条边的中点,记线段 OF 的 n 等分点依次为 R_1 , R_2 , $\cdots$, R_{n-1} ,线段 CF 的 n 等分点依次为 R'_1 , R'_2 , $\cdots$, R'_{n-1} ,则直线 ER_i 与直线 GR'_i 的交点 $L_i(i = 1, 2, 3, \cdots, n - 1)$ 都在同一椭圆上.

　　证明:如图 2,以 HF 所在直线为 x 轴, GE 所在直线为 y 轴,建立直角坐

标系 xOy，则 $E(0, -b)$，$G(0, b)$，R_i
$\left(\dfrac{ia}{n}, 0\right)$，$R_i'\left(a, \dfrac{n-i}{n}b\right)$（$i = 1, 2, 3, \cdots,$
$n-1$），

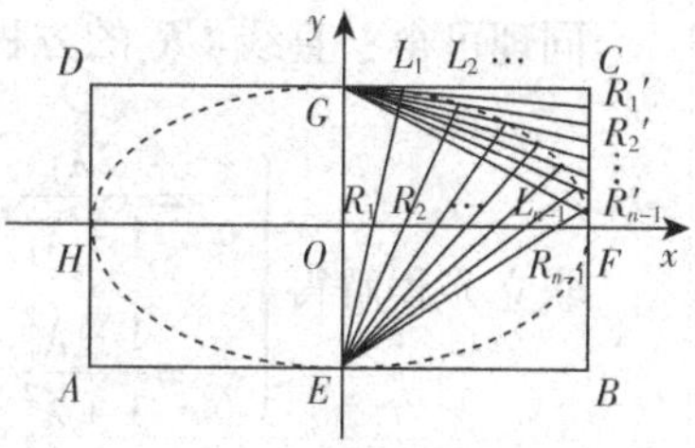

图 2

所以直线 ER_i 的斜率 $k_{ER_i} = \dfrac{b}{\dfrac{ia}{n}} = \dfrac{nb}{ia}$，

则直线 ER_i 的方程为 $y = \dfrac{nb}{ia}x - b$，同理可

得：直线 GR_i' 的方程为 $y = -\dfrac{ib}{na}x + b$，

联立方程解得 $\begin{cases} \dfrac{x}{a} = \dfrac{2ni}{n^2 + i^2}, \\ \dfrac{y}{b} = \dfrac{n^2 - i^2}{n^2 + i^2}, \end{cases}$

所以 $\left(\dfrac{x}{a}\right)^2 + \left(\dfrac{y}{b}\right)^2 = \left(\dfrac{2ni}{n^2 + i^2}\right)^2 + \left(\dfrac{n^2 - i^2}{n^2 + i^2}\right)^2 = 1$，即 $\dfrac{x^2}{a^2} + \dfrac{y^2}{b^2} = 1$，

这说明直线 ER_i 与直线 GR_i' 的交点 $L_i\left(\dfrac{2ni}{n^2 + i^2}a, \dfrac{n^2 - i^2}{n^2 + i^2}b\right)$（$i = 1, 2, 3, \cdots,$

$n-1$）都在同一椭圆 $\dfrac{x^2}{a^2} + \dfrac{y^2}{b^2} = 1$ 上，问题得证.

性质 1 是将线段 n 等分，得到的是有限个交点，作出的点是孤立的点，让直线连续运动，则交点有无限个，得到的是光滑的曲线.

性质 2：如图 3，矩形 $ABCD$ 中，$|AB| = 2a$，$|BC| = 2b$．E，F，G，H 分别是矩形四条边的中点，线段 HF 与线段 GE 的交点为 O，R_i，R_i' 分别在线段 OF 和线段 CF 上，且满足 $\overrightarrow{OR_i} = \lambda_i \overrightarrow{OF}$，$\overrightarrow{CR_i'} = \lambda_i \overrightarrow{CF}$，则直线 ER_i 与直线 GR_i' 的交点 L_i（$i = 1, 2, 3, \cdots, n-1$）都在同一椭圆上.

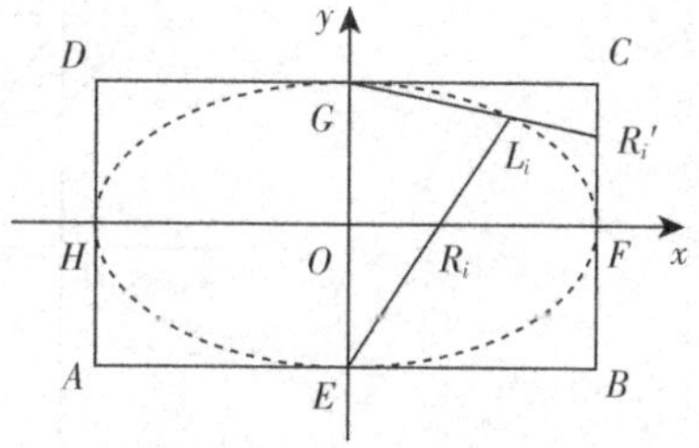

图 3

证明：如图 3，以 HF 所在直线为 x 轴，GE 所在直线为 y 轴，建立直角坐标系 xOy，则 $E(0, -b)$，$G(0, b)$，$R_i(\lambda_i a, 0)$，$R_i'(a, (1-\lambda_i)b)$（$i = 1, 2, 3, \cdots, n-1$），

所以直线 ER_i 的方程为 $y = \dfrac{b}{\lambda_i a}x - b$，

同理可得：直线 GR'_i 的方程为 $y = -\dfrac{\lambda_i b}{a}x + b$，

联立方程解得 $\begin{cases} \dfrac{x}{a} = \dfrac{2\lambda_i}{1 + \lambda_i^2}, \\[3mm] \dfrac{y}{b} = \dfrac{1 - \lambda_i^2}{1 + \lambda_i^2}, \end{cases}$

所以 $\left(\dfrac{x}{a}\right)^2 + \left(\dfrac{y}{b}\right)^2 = \left(\dfrac{2\lambda_i}{1 + \lambda_i^2}\right)^2 + \left(\dfrac{1 - \lambda_i^2}{1 + \lambda_i^2}\right)^2 = 1$，即 $\dfrac{x^2}{a^2} + \dfrac{y^2}{b^2} = 1$，

这说明直线 ER_i 与直线 GR'_i 的交点 $L_i\left(\dfrac{2\lambda_i}{1 + \lambda_i^2}a, \ \dfrac{1 - \lambda_i^2}{1 + \lambda_i^2}b\right)(i = 1, 2, 3, \cdots,$

$n-1)$ 都在同一椭圆 $\dfrac{x^2}{a^2} + \dfrac{y^2}{b^2} = 1$ 上，问题得证.

性质3：如图4，矩形 $ABCD$ 中，$|AB| = 2a$，$|BC| = 2b$. E，F，G，H 分别是矩形四条边的中点，线段 HF 与线段 GE 的交点为 O，记线段 OH 的 n 等分点依次为 R_1，R_2，$\cdots$，R_{n-1}，线段 CF 的 n 等分点依次为 R'_1，R'_2，$\cdots$，R'_{n-1}，则直线 ER_i 与直线 GR'_i 的交点 $L_i(i = 1, 2, 3, \cdots, n-1)$ 都在同一双曲线上.

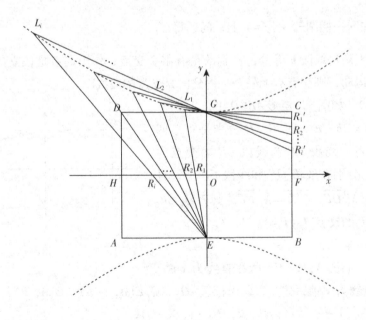

图4

证明：如图 4，以 HF 所在直线为 x 轴，GE 所在直线为 y 轴，建立直角坐标系 xOy，则 $E(0, -b)$，$G(0, b)$，$R_i\left(-\dfrac{ia}{n}, 0\right)$，$R_i'\left(a, \dfrac{n-i}{n}b\right)(i=1, 2, 3, \cdots, n-1)$，

所以直线 ER_i 的方程为 $y = -\dfrac{nb}{ia}x - b$，

同理可得：直线 GR_i' 的方程为 $y = -\dfrac{ib}{na}x + b$，

联立方程解得
$$\begin{cases} \dfrac{x}{a} = -\dfrac{2ni}{n^2-i^2}, \\[2mm] \dfrac{y}{b} = \dfrac{n^2+i^2}{n^2-i^2}, \end{cases}$$

所以 $\left(\dfrac{y}{b}\right)^2 - \left(\dfrac{x}{a}\right)^2 = \left(\dfrac{n^2+i^2}{n^2-i^2}\right)^2 - \left(-\dfrac{2ni}{n^2-i^2}\right)^2 = 1$，即 $\dfrac{y^2}{b^2} - \dfrac{x^2}{a^2} = 1$，

这说明直线 ER_i 与直线 GR_i' 的交点 $L_i\left(-\dfrac{2ni}{n^2-i^2}a, \dfrac{n^2+i^2}{n^2-i^2}b\right)(i=1, 2, 3, \cdots, n-1)$ 都在同一双曲线 $\dfrac{y^2}{b^2} - \dfrac{x^2}{a^2} = 1$ 上，问题得证.

性质 4：如图 5，矩形 $ABCD$ 中，$|AB| = 2a$，$|BC| = 2b$. E，F，G，H 分别是矩形四条边的中点，线段 HF 与线段 GE 的交点为 O，R_i，R_i' 分别在线段 OH 和线段 CF 上，且满足 $\overrightarrow{OR_i} = \lambda_i\,\overrightarrow{OH}$，$\overrightarrow{CR_i'} = \lambda_i\,\overrightarrow{CF}$，则直线 ER_i 与直线 GR_i' 的交点 $L_i(i=1, 2, 3, \cdots, n-1)$ 都在同一双曲线上.

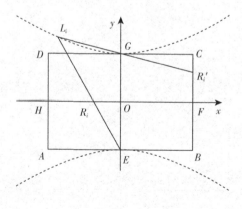

图 5

证明：如图 5，以 HF 所在直线为 x 轴，GE 所在直线为 y 轴，建立直角坐标系 xOy，则 $E(0,\ -b)$，$G(0,\ b)$，$R_i(-\lambda_i a,\ 0)$，$R'_i(a,\ (1-\lambda_i)b)(i=1,\ 2,\ 3,\ \cdots,\ n-1)$，

所以直线 ER_i 的方程为 $y=-\dfrac{b}{\lambda_i a}x-b$，

同理可得：直线 GR'_i 的方程为 $y=-\dfrac{\lambda_i b}{a}x+b$，

联立方程解得 $\begin{cases} \dfrac{x}{a}=-\dfrac{2\lambda_i}{1-\lambda_i^2}, \\[3mm] \dfrac{y}{b}=\dfrac{1+\lambda_i^2}{1-\lambda_i^2}, \end{cases}$

所以 $\left(\dfrac{y}{b}\right)^2-\left(\dfrac{x}{a}\right)^2=\left(\dfrac{1+\lambda_i^2}{1-\lambda_i^2}\right)^2-\left(-\dfrac{2\lambda_i}{1-\lambda_i^2}\right)^2=1$，即 $\dfrac{y^2}{b^2}-\dfrac{x^2}{a^2}=1$，

这说明直线 ER_i 与直线 GR'_i 的交点 $L_i\left(-\dfrac{2\lambda_i}{1-\lambda_i^2}a,\ \dfrac{1+\lambda_i^2}{1-\lambda_i^2}b\right)(i=1,\ 2,\ 3,$

$\cdots,\ n-1)$ 都在同一双曲线 $\dfrac{y^2}{b^2}-\dfrac{x^2}{a^2}=1$ 上，问题得证.

（本文发表在《中学数学研究》2019 年第 4 期.）

应用直线的参数方程解圆锥曲线综合题

惠州市实验中学　邱礼明

我们知道，经过点 $P(x_0, y_0)$，且倾斜角为 α 的直线 l 的参数方程为 $\begin{cases} x = x_0 + t\cos\alpha \\ y = y_0 + t\sin\alpha \end{cases}$（$t$ 为参数，α 为直线的倾斜角）. 若点 A 对应的参数为 t，则 $|PA| = |t|$，当点 A 在点 P 的上方（或右边）时，$t > 0$；当点 A 在点 P 的下方（或左边）时，$t < 0$.

本文拟用几道模拟题为例，谈谈直线的参数方程在解决圆锥曲线综合题时的应用，供读者参考.

例 1：（2017～2018 学年佛山市普通高中高三教学质量检测（二）理科第 20 题）已知椭圆 Γ：$\dfrac{x^2}{3} + \dfrac{y^2}{b^2} = 1$ 的左、右焦点为 $F_1(-1, 0)$，$F_2(1, 0)$，过 F_1 作直线 l_1 交椭圆 Γ 于点 A，C，过 F_2 作直线 l_2 交椭圆 Γ 于点 B，D，且 l_1 垂直于 l_2，垂足为点 P.

（1）证明：点 P 在椭圆 Γ 的内部.

（2）求四边形 $ABCD$ 面积的最小值.

解：（1）略.

（2）设直线 l_1 的参数方程为 $\begin{cases} x = -1 + t\cos\alpha, \\ y = t\sin\alpha \end{cases}$（$t$ 为参数，α 为直线 l_1 的倾斜角），将其代入椭圆 Γ：$\dfrac{x^2}{3} + \dfrac{y^2}{2} = 1$ 得 $(2 + \sin^2\alpha)t^2 - 4t\cos\alpha - 4 = 0$.

设点 A，C 对应的参数分别为 t_1，t_2，

则 $t_1 + t_2 = \dfrac{4\cos\alpha}{2 + \sin^2\alpha}$，$t_1 t_2 = -\dfrac{4}{2 + \sin^2\alpha}$，

所以 $|AC| = |t_1 - t_2| = \sqrt{(t_1 + t_2)^2 - 4t_1t_2} = \sqrt{\left(\dfrac{4\cos\alpha}{2 + \sin^2\alpha}\right)^2 + 4\left(\dfrac{4}{2 + \sin^2\alpha}\right)} =$

$\dfrac{4\sqrt{3}}{2 + \sin^2\alpha}$.

因为直线 l_1 与直线 l_2 垂直，所以直线 l_2 的参数方程可以写成：$\begin{cases} x = 1 - t\sin\alpha \\ y = t\cos\alpha \end{cases}$ (t 为参数)，同理可得 $|BD| = \dfrac{4\sqrt{3}}{2 + \cos^2\alpha}$，

则四边形 $ABCD$ 的面积为：

$$S = \dfrac{1}{2} \cdot |AC| \cdot |BD| = \dfrac{1}{2} \cdot \dfrac{4\sqrt{3}}{2 + \sin^2\alpha} \cdot \dfrac{4\sqrt{3}}{2 + \cos^2\alpha} = \dfrac{24}{6 + \dfrac{1}{4}\sin^2 2\alpha}.$$

因为 $0 \leqslant \sin^2 2\alpha \leqslant 1$，所以 $\dfrac{96}{25} \leqslant S \leqslant 4$，

故四边形 $ABCD$ 面积的最小值为 $\dfrac{96}{25}$.

例2：(长沙市2018届高三年级统一模拟考试理科数学第20题)已知椭圆 C 的两个焦点分别为 $F_1(-2\sqrt{3}, 0)$，$F_2(2\sqrt{3}, 0)$，点 E 在椭圆 C 上，且 $\angle F_1EF_2 = 60°$，$\overrightarrow{EF_1} \cdot \overrightarrow{EF_2} = 4$.

(1)求椭圆 C 的标准方程；

(2)过 x 轴正半轴上的一点 M 作直线 l 交椭圆 C 于 A，B 两点，问：是否存在点 M，当直线 l 绕点 M 任意转动时，$\dfrac{1}{|AM|^2} + \dfrac{1}{|BM|^2}$ 为定值？若存在，求出定点 M 的坐标.

解：(1)椭圆 C 的标准方程为 $\dfrac{x^2}{18} + \dfrac{y^2}{6} = 1$.

(2)设存在定点 $M(m, 0)$ $(m > 0)$，直线 l 的参数方程为 $\begin{cases} x = m + t\cos\alpha \\ y = t\sin\alpha \end{cases}$ (t 为参数，α 是直线 l 的倾斜角)，将其代入椭圆 C 的方程 $x^2 + 3y^2 = 18$ 得

$(1 + 2\sin^2\alpha)t^2 + 2mt\cos\alpha + m^2 - 18 = 0$.

设点 A，B 对应的参数分别为 t_1，t_2，

则 $t_1 + t_2 = -\dfrac{2m\cos\alpha}{1 + 2\sin^2\alpha}$，$t_1t_2 = \dfrac{m^2 - 18}{1 + 2\sin^2\alpha}$，

所以 $\dfrac{1}{|AM|^2}+\dfrac{1}{|BM|^2}=\dfrac{1}{t_1^2}+\dfrac{1}{t_2^2}$

$$=\dfrac{(t_1+t_2)^2-2t_1t_2}{(t_1t_2)^2}=\dfrac{\left(-\dfrac{2m\cos\alpha}{1+2\sin^2\alpha}\right)^2-2\cdot\dfrac{m^2-18}{1+2\sin^2\alpha}}{\left(\dfrac{m^2-18}{1+2\sin^2\alpha}\right)^2}$$

$$=\dfrac{(8m^2-72)\cos^2\alpha-6(m^2-18)}{(m^2-18)^2},$$

要使 $\dfrac{1}{|AM|^2}+\dfrac{1}{|BM|^2}$ 为定值，只需 $8m^2-72=0$ 即可，解得 $m^2=9$，即 $m=3$，

此时 $\dfrac{1}{|AM|^2}+\dfrac{1}{|BM|^2}=\dfrac{2}{3}$ 为定值.

所以当点 M 的坐标为 $(3，0)$ 时，$\dfrac{1}{|AM|^2}+\dfrac{1}{|BM|^2}$ 为定值 $\dfrac{2}{3}$.

例 3：（深圳市 2018 届高三年级第一次调研考试理科数学第 20 题）已知椭圆 C：$\dfrac{x^2}{a^2}+\dfrac{y^2}{b^2}=1(a>b>0)$ 的离心率为 $\dfrac{1}{2}$，直线 l：$x+2y=4$ 与椭圆 C 有且只有一个交点 T.

(1)求椭圆 C 的方程和点 T 的坐标.

(2)O 为坐标原点，与 OT 平行的直线 l' 与椭圆 C 交于不同的两点 A，B，直线 l' 与直线 l 交于点 P，试判断 $\dfrac{|PT|^2}{|PA|\cdot|PB|}$ 是否为定值. 若是，请求出定值；若不是，请说明理由.

解：(1)椭圆 C 的方程为 $\dfrac{x^2}{4}+\dfrac{y^2}{3}=1$ 和点 T 的坐标为 $T\left(1，\dfrac{3}{2}\right)$.

(2)设点 $P(x_0，y_0)$，直线 l' 的参数方程为 $\begin{cases}x=x_0+t\cos\alpha,\\ y=y_0+t\sin\alpha\end{cases}$（$t$ 为参数，α 为倾斜角），由题意易得 $\tan\alpha=\dfrac{3}{2}$ 且 $x_0+2y_0=4$，将直线 l' 的参数方程代入椭圆 C 的方程 $3x^2+4y^2=12$ 得

$(3\cos^2\alpha+4\sin^2\alpha)t^2+(6x_0\cos\alpha+8y_0\sin\alpha)t+3x_0^2+4y_0^2-12=0.$

设点 A，B 对应的参数分别为 t_1，t_2，则 $t_1t_2=\dfrac{3x_0^2+4y_0^2-12}{3\cos^2\alpha+4\sin^2\alpha}$，

所以 $|PA|\cdot|PB|=|t_1|\cdot|t_2|=|t_1t_2|$

$$= \frac{|3x_0^2 + 4y_0^2 - 12|}{3\cos^2\alpha + 4\sin^2\alpha} = \frac{|3(4-2y_0)^2 + 4y_0^2 - 12|}{3\left(\frac{2}{\sqrt{13}}\right)^2 + 4\left(\frac{3}{\sqrt{13}}\right)^2}$$

$$= \frac{13}{12} \cdot |4y_0^2 - 12y_0 + 9| = \frac{13}{12} \cdot (2y_0 - 3)^2.$$

又因为 $|PT|^2 = (x_0 - 1)^2 + \left(y_0 - \frac{3}{2}\right)^2 = (3 - 2y_0)^2 + \left(y_0 - \frac{3}{2}\right)^2 = \frac{5}{4} \cdot (2y_0 - 3)^2,$

所以 $\dfrac{|PT|^2}{|PA| \cdot |PB|} = \dfrac{\frac{5}{4} \cdot (2y_0 - 3)^2}{\frac{13}{12} \cdot (2y_0 - 3)^2} = \dfrac{15}{13}$ 为定值.

例 4：(2017～2018 学年佛山市普通高中高三教学质量检测(一)理科第 20 题)已知椭圆 C_1: $\dfrac{x^2}{a^2} + \dfrac{y^2}{b^2} = 1 (a > b > 0)$ 的右焦点与抛物线 C_2: $y^2 = 8\sqrt{2}x$ 的焦点 F 重合，且椭圆 C_1 的右顶点 P 到 F 的距离为 $3 - 2\sqrt{2}$.

(1)求椭圆 C_1 的方程.

(2)设直线 l 与椭圆 C_1 交于 A，B 两点，且满足 $PA \perp PB$，求 $\triangle PAB$ 的面积的最大值.

解：(1)椭圆 C_1 的方程为 $\dfrac{x^2}{9} + y^2 = 1$.

(2)设直线 PA 的参数方程为 $\begin{cases} x = 3 + t\cos\alpha, \\ y = t\sin\alpha \end{cases}$ (t 为参数，α 为倾斜角)，不妨

设 $0 < \alpha < \dfrac{\pi}{2}$，将直线 PA 的参数方程代入椭圆 C_1 的方程 $x^2 + 9y^2 = 9$ 得

$(1 + 8\sin^2\alpha)t^2 + 6t\cos\alpha = 0,$

解得 $t = 0$ 或 $t = -\dfrac{6\cos\alpha}{1 + 8\sin^2\alpha}$.

由参数的几何意义可知 $|PA| = \left| -\dfrac{6\cos\alpha}{1 + 8\sin^2\alpha} \right| = \dfrac{6\cos\alpha}{1 + 8\sin^2\alpha}$.

直线 PB 的参数方程可以写成 $\begin{cases} x = 3 - t\sin\alpha, \\ y = t\cos\alpha \end{cases}$ (t 为参数)，将其代入椭圆 C_1

的方程，同理可得 $|PB| = \left| \dfrac{6\sin\alpha}{1 + 8\cos^2\alpha} \right| = \dfrac{6\sin\alpha}{1 + 8\cos^2\alpha}$.

所以，$\triangle PAB$ 的面积

$$S = \frac{1}{2} \cdot |PA| \cdot |PB|$$

$$= \frac{1}{2} \cdot \frac{6\cos\alpha}{1+8\sin^2\alpha} \cdot \frac{6\sin\alpha}{1+8\cos^2\alpha}$$

$$= \frac{18\sin\alpha\cos\alpha}{(1+8\sin^2\alpha) \cdot (1+8\cos^2\alpha)}$$

$$= \frac{9\sin 2\alpha}{9+16\sin^2 2\alpha}$$

$$= \frac{9}{\frac{9}{\sin 2\alpha}+16\sin 2\alpha}$$

$$\leq \frac{9}{2\sqrt{\frac{9}{\sin 2\alpha} \cdot 16\sin 2\alpha}} = \frac{3}{8},$$

当且仅当 $\frac{9}{\sin 2\alpha} = 16\sin 2\alpha$ 时取 " = ",

即 $\sin 2\alpha = \frac{3}{4}$ 时,$\triangle PAB$ 的面积最大,最大值为 $\frac{3}{8}$.

(本文发表在《数理化解题研究》2019 年第 10 期.)

从一道联赛预赛题谈广义 Prouhet 球面的性质

惠州市实验中学　邱礼明

2019 年 5 月 19 日内蒙古自治区高中数学联赛预赛试题第 9 题是：

1863 年法国数学家 Prouhet 将三角形的九点圆定理类比推广到垂心四面体中，由此产生 Prouhet 球面的概念，随后又得到广义的 Prouhet 球面的定义如下（注：以点 O 为球心、以 R 为半径的球面表示为 $S(O, R)$）.

设任意一个四面体 $A_1A_2A_3A_4$ 的外接球面为 $S(O, R)$，对于空间中异于点 O 的任意一个点 H，以线段 OH 的第二个三等分点 P 为球心、$\dfrac{R}{3}$ 为半径的球面称为四面体 $A_1A_2A_3A_4$ 的广义 Prouhet 球面，记作 $S\left(P, \dfrac{R}{3}\right)$，其中球心 P 满足 $\overrightarrow{OP} = \dfrac{2}{3}\overrightarrow{OH}$.

根据上述定义证明如下结论：设四面体 $A_1A_2A_3A_4$ 的外接球面为 $S(O, R)$，对于空间中异于点 O 的任意一个点 H，记线段 OH 的中点为 G，连接 A_iG 并延长至点 G_i，使得 $GG_i = \dfrac{1}{3}A_iG$，$i = 1, 2, 3, 4$，则该四面体的广义 Prouhet 球面 $S\left(P, \dfrac{R}{3}\right)$ 必经过点 G_i，$i = 1, 2, 3, 4$.

笔者应用向量方法得到了赛题较为简捷的证法，并由此得到了四面体 $A_1A_2A_3A_4$ 的广义 Prouhet 球面的几个有趣性质，现整理出来与读者分享，为叙述方便将上述试题记为性质 1.

性质 1：设四面体 $A_1A_2A_3A_4$ 的外接球面为 $S(O, R)$，对于空间中异于点 O 的任意一个点 H，记线段 OH 的中点为 G，连接 A_iG 并延长至点 G_i，使得 $GG_i =$

$\frac{1}{3}A_iG(i=1,2,3,4)$，则该四面体的广义 Prouhet 球面 $S\left(P,\frac{R}{3}\right)$ 必经过点 $G_i(i=1,2,3,4)$.

证明：由题意可知 $\overrightarrow{GG_i}=\frac{1}{3}\overrightarrow{A_iG}$，即 $\overrightarrow{GO}+\overrightarrow{OG_i}=\frac{1}{3}(\overrightarrow{A_iO}+\overrightarrow{OG})$，

所以 $\overrightarrow{OG_i}=\frac{1}{3}(4\overrightarrow{OG}-\overrightarrow{OA_i})$，

又因为 G 是线段 OH 的中点，所以 $\overrightarrow{OG}=\frac{1}{2}\overrightarrow{OH}$，代入上式可得

$\overrightarrow{OG_i}=\frac{1}{3}(2\overrightarrow{OH}-\overrightarrow{OA_i})=\frac{2}{3}\overrightarrow{OH}-\frac{1}{3}\overrightarrow{OA_i}$，

注意到点 P 满足 $\overrightarrow{OP}=\frac{2}{3}\overrightarrow{OH}$，则有 $\overrightarrow{OG_i}=\overrightarrow{OP}-\frac{1}{3}\overrightarrow{OA_i}$，于是

$\overrightarrow{G_iP}=\overrightarrow{OP}-\overrightarrow{OG_i}=\frac{1}{3}\overrightarrow{OA_i}$，

而顶点 $A_i(i=1,2,3,4)$ 在球面 $S(O,R)$ 上，所以 $\left|\overrightarrow{OA_i}\right|=R$，由此可知，$\left|\overrightarrow{G_iP}\right|=\frac{1}{3}\left|\overrightarrow{OA_i}\right|=\frac{R}{3}$，即说明球面 $S\left(P,\frac{R}{3}\right)$ 必经过诸点 $G_i(i=1,2,3,4)$. 命题得证.

性质 2：设四面体 $A_1A_2A_3A_4$ 的外接球面为 $S(O,R)$，对于空间中异于点 O 的任意一个点 H，则这个四面体的广义 Prouhet 球面 $S\left(P,\frac{R}{3}\right)$ 必经过 $A_iH(i=1,2,3,4)$ 的第二个三等分点 $M_i(i=1,2,3,4)$.

证明：由题意可知 $\overrightarrow{A_iM_i}=\frac{2}{3}\overrightarrow{A_iH}(i=1,2,3,4)$，

即 $\overrightarrow{A_iO}+\overrightarrow{OM_i}=\frac{2}{3}(\overrightarrow{A_iO}+\overrightarrow{OH})$，

所以 $\overrightarrow{OM_i}=\frac{2}{3}\overrightarrow{OH}+\frac{1}{3}\overrightarrow{OA_i}$，

注意到点 P 满足 $\overrightarrow{OP}=\frac{2}{3}\overrightarrow{OH}$，则有 $\overrightarrow{PM_i}=\overrightarrow{OM_i}-\overrightarrow{OP}=\frac{1}{3}\overrightarrow{OA_i}$，

而顶点 $A_i(i=1,2,3,4)$ 在球面 $S(O,R)$ 上，所以 $\left|\overrightarrow{OA_i}\right|=R$，从而 $\left|\overrightarrow{PM_i}\right|=\frac{1}{3}\left|\overrightarrow{OA_i}\right|=\frac{R}{3}$. 即说明球面 $S\left(P,\frac{R}{3}\right)$ 必经过诸点 $M_i(i=1,2,3,$

4). 命题得证.

性质 3：设四面体 $A_1A_2A_3A_4$ 的外接球面为 $S(O，R)$，对于空间中异于点 O 的任意一个点 H，记线段 OH 的中点为 G，连接 A_iG 并延长至点 G_i，使得 $GG_i = \frac{1}{3}A_iG(i=1，2，3，4)$，过点 G_i 作直线与直线 A_iH 垂直，相交于点 $D_i(i=1，2，3，4)$，则该四面体的广义 Prouhet 球面 $S\left(P，\frac{R}{3}\right)$ 必经过诸垂足 $D_i(i=1，2，3，4)$.

证明：设线段 A_iH 的第二个三等分点为 M_i，则由性质 1 和性质 2 可知，点 M_i，$G_i(i=1，2，3，4)$ 都在球面 $S\left(P，\frac{R}{3}\right)$ 上，在性质 1 中有 $\overrightarrow{G_iP} = \frac{1}{3}\overrightarrow{OA_i}$，在性质 2 中有 $\overrightarrow{PM_i} = \frac{1}{3}\overrightarrow{OA_i}$，

所以 $\overrightarrow{G_iP} = \overrightarrow{PM_i} = \frac{1}{3}\overrightarrow{OA_i}$，且 $\overrightarrow{G_iM_i} = \frac{2}{3}\overrightarrow{OA_i}$，

由此可知，$\left|\overrightarrow{G_iM_i}\right| = \frac{2}{3}\left|\overrightarrow{OA_i}\right| = \frac{2}{3}R$，又由题意可知 $\angle G_iD_iM_i = 90°(i=1，2，3，4)$，所以点 $D_i(i=1，2，3，4)$ 在以线段 G_iM_i 为直径，半径为 $\frac{R}{3}$ 的球面上.

即四面体的广义 Prouhet 球面 $S\left(P，\frac{R}{3}\right)$ 必经过诸垂足 $D_i(i=1，2，3，4)$. 命题得证.

综合性质 1，2，3，可得：

性质 4：设四面体 $A_1A_2A_3A_4$ 的外接球面为 $S(O，R)$，对于空间中异于点 O 的任意一个点 H，记线段 OH 的中点为 G，则该四面体的广义 Prouhet 球面 $S\left(P，\frac{R}{3}\right)$ 必经过十二个特殊点，即线段 A_iG 的延长线上且满足 $GG_i = \frac{1}{3}A_iG(i=1，2，3，4)$ 的点 $G_i(i=1，2，3，4)$；线段 $A_iH(i=1，2，3，4)$ 的第二个三等分点 $M_i(i=1，2，3，4)$；过点 G_i 的直线，且与直线 A_iH 垂直相交的交点 $D_i(i=1，2，3，4)$.

实际上，在性质 4 中，当四面体 $A_1A_2A_3A_4$ 为垂心四面体，且点 H 为其垂心时，就得到了如下命题：

在垂心四面体中，以外心与垂心的连线第二个三等分点为球心、外接球半

径的三分之一为半径的球面，必经过十二个特殊点，即四个顶点与垂心连线的第二个三等分点、四个侧面的重心、四条高的垂足.

这就是 1863 年法国数学家 Prouhet 将三角形的九点圆定理类比推广到垂心四面体中，由此产生的 Prouhet 球面的概念.

（本文发表在《中学教研（数学）》2019 年第 10 期.）

谈谈课堂提问的实践与体会

惠州市第一中学　杨戚灵

　　问题是数学的心脏，是思维的开始．提问的意义在于设置问题情景，形成认知冲突，激起疑惑，使学生产生解决问题的欲望，提高学生学习数学的兴趣．2000 多年前，教育家孔子的"启发式"提问和苏格拉底的"产婆术"提问，都成功地利用问答的形式引导学生思考问题，寻找答案，至今为人称颂．可见，课堂提问在教学中是何等重要！

　　提问是开启学生创造性思维能力，引导学生思维的最直接、最简便的教学方法，也是教师借以接收学生反馈信息的一种有效手段．对于掌握知识的主体——学生来说，对教师传授的知识是否愿意接受，对教师提出的问题是否愿意热情参与研究，缘于教师的激趣和创设的发问情境．在教学实践中，教师要提高教学效果，达到教学目的，必须在问题的引发上下功夫，以便唤起学生的学习动机，形成学习数学的心理指向．章建跃在《数学教育改革中的几个问题》一文中提到，"提问的关键是要把握好'度'，要做到'道而弗牵，强而弗抑，开而弗达'，这是课堂教学的关键，也是衡量教师教学水平的关键之一"．由于学生的需求和思考是不断变化的，因此怎样的提问才能合理、恰当，效果最好呢？下面我就常规教学中的提问谈谈自己的实践与体会．

一、复习提问要标新立异

　　复习提问一是为了督促学生及时复习巩固知识，二是为学习新知识打下基础，三是调动课堂气氛．对于同一个问题，可以从不同的侧面、不同的角度提出，切入的角度不同，效果往往就大不一样，这就要求提问者所提出的问题要新颖，要有创意．如"等差数列的定义是什么？它的通项公式是什么？"这种提问仅采用了一般化、概念化的套路，很难集中学生的注意力并引起其兴趣．若采用下面这样的方式提问，则效果会很好：有一个数列 $\{a_n\}$，满足 $a_1 = 2$，$a_n - a_{n-1} = a_{n+1} - a_n (n \geq 2，n \in \mathbf{N}^*)$，你能判断它是什么数列吗？

（1）若改为：数列 $\{a_n\}$ 的前 n 项和 S_n 满足 $S_1 = 2$，$S_n = 3n^2 + 2n (n \geq 2，n \in \mathbf{N}^*)$ 呢？

（2）若改为：数列 $\{a_n\}$ 满足 $a_1 = \dfrac{3}{5}$，$a_n = 2 - \dfrac{1}{a_{n-1}} (n \geq 2，n \in \mathbf{N}^*)$，你能判定 $\left\{ \dfrac{1}{a_n - 1} \right\}$ 是不是等差数列吗？

这种提问不仅要对概念有深刻的理解，而且要会灵活运用．它能激活学生的思维，使学生积极动脑思考并分析、解决问题．

二、新课的引入提问要符合学生的认知规律和思维特点

引入提问主要是为引入新概念、新定理而设计的．老师通过提问可激发学生的想象力和创造力，特别是对那些缺乏独创精神的学生，可刺激他们进行创造性的思考．通过对问题的回答及老师的引导，学生在脑海中能迅速地联想与问题有关的知识，并运用这些知识进行综合分析，从而得出新的结论．在这种提问中，我们提出的问题要注意以下两点：

（1）要符合学生的认知规律，要从简单的、贴近学生生活的实例出发提出问题，设置悬念，既能化难为易，又能使学生倍感亲切，既能激发学生的参与热情，又能使学生投入到探求新知识的活动中，使学生充分展示自己的才华，不断体验解决问题的愉悦．否则会事倍功半，适得其反．

如讲等比数列求和时，因它与生活实际有很大的联系，所以在讲解这一节课时，老师大多是从生活中的实例引入的，但由于选择的例子不同，所起的效果也不一样．有的老师为了省事，用了古代印度国王奖励国际象棋的发明者这个大多数学生都熟悉的故事，没有吸引学生的注意力，因此找不到规律，没有达到预期的效果．在教学中，我是这样来处理的：假如我借给了一位商人十万块钱，他一个月（30 天）内还清，他第一天还 1 分钱，第二天还 2 分钱，第三天还 4 分钱，第四天还 8 分钱……每天还的钱是前一天的 2 倍，按此规定，到第三十天结束时，我是赚了还是亏了？我的这个问题深深地吸引了学生的好奇心，使教学在充满期望的气氛中顺利进行．在继续研究等比数列的应用时，学生感

到一个简单的生活问题蕴含着那么多学问，对他们的触动很大．我感觉这节课上得很成功．

（2）要适合学生的思维特点．高中生特别是高一年级的学生，大多数都比较好动，思维比较活跃，因此老师引入问题时最根本的一条就是要善于"诱"，进而点拨学生的思维，使学生变"学"为"思"．以"诱"达"思"，体现了以学生发展为本的理念．例如，讲选修 $4-5$ 中"一般形式的柯西不等式"时，我这样处理：先让学生求解①已知 $a_1^2+a_2^2+\cdots+a_n^2=1$，$b_1^2+b_2^2+\cdots+b_n^2=1$，求证：$a_1b_1+a_2b_2+\cdots+a_nb_n\leqslant 1$．学生很快就把两个等式相加，利用不等式 $a_i^2+b_i^2\geqslant 2a_ib_i$（$i=1$，2，3，…）干脆利落地就把问题解决了．再让学生求解②已知 $a_1^2+a_2^2+\cdots+a_n^2=M^2$，$b_1^2+b_2^2+\cdots+b_n^2=N^2$（$M>0$，$N>0$），求：$a_1b_1+a_2b_2+\cdots+a_nb_n$ 的最大值．让学生沿用问题①的思路，把②转化为①的形式解决问题，从而发现了一般形式的柯西不等式．这样，问题的难度就降低了，同时激起了学生的兴趣，引起了他们的好奇心．此时他们也想给一些条件试试，借此我就给他们机会，让他们去讨论，从而得到其他的几个判定定理．这样做不仅把新旧知识有机地结合起来，而且促使学生以一个创造者、发明者的身份去探求知识，这无疑使他们在心理上产生了极大的满足和喜悦，从而提高了课堂的教学效果．

三、对新知识的理解提问要善于激疑

对新知识的理解提问一般用于某个概念或原理的学习之后，是对新知识与技能的检查，以了解学生是否理解了教学内容．在教学中，常有一些内容学生似乎一看就懂了，自觉无疑，而实质上有疑，因此教师要在浅处设问，于无疑处设疑，引导学生讨论教材，这样可以收到较好的效果．

案例 1：讲"指数函数"的定义时，学生理解起来并不难，但让学生提出质疑却有些不太可能．在这种情况下，有的教师为了让学生记住定义，就会让他们默写，这样效果并不好．我认为不妨这样问学生："在指数函数中，为什么要有'$a>0$ 且 $a\neq 1$'这一限制条件呢？"从而激发学生的疑问．

案例 2：在讲含参数的一元二次方程时，让学生记住一般式是很重要的．为了让学生理解记忆，教师不妨从"为什么要求'$a\neq 0$'"这里设疑．学生产生了疑点，必定进行深入思考，从而真正理解相关的知识，为以后的学习打下扎实的基础．

教师在进行提问时，要深挖教材，善于激疑，培养学生质疑的兴趣，教给学生质疑的方法，使他们自觉地在学中问，在问中学，从而真正地理解和掌握知识，为将来灵活应用知识解决问题打下良好的基础.

四、运用知识的提问由浅入深、由易到难，合理分配、人人参与

运用知识提问一般都是在掌握知识之后进行的提问，教师首先建立一个问题情境，然后让学生运用新获得的知识和过去所学的知识来解决新的问题. 对于这一阶段的提问，教师事先要精心设计，仔细推敲. 我认为应做好以下几点：

(1)不但要考虑问题与教学内容的关系，还要考虑学生的接受能力. 对某一问题，教师认为是简明、清晰的，而对于学生来说，由于受基本知识和理解能力的限制，就可能难以理解，因此，要由易到难、由浅入深、连贯地、逐步地设计问题.

(2)不但要考虑概念是否准确，还要考虑问题的措辞是否恰当. 我在听课时经常发现有这样的事情发生：①提出的问题由于措辞不确切，概念混乱，导致学生很难弄清题意，难以做出正确的回答. ②有时在提问后，为了帮助学生理解，教师需要重新措辞加以说明. 在这里要注意，过多地改变提问的措辞，不但不能帮助学生理解，可能会引起学生思想上的混乱，反而更不利.

(3)在提问时，不但要掌握好适当的时机，还要注意语速和停顿，以便学生做好接受问题和回答问题的思想准备. 事先可用诸如："好，让我们仔细考虑这样一个问题"或"请你给下面这个问题一个详细的答案"等说法，然后停顿几秒钟(根据问题的难易程度决定停顿时间的长短，也为学生提供了一定的信息)，使学生做好接受问题的准备，以便让他们对问题进行思考. 对于那些难度较大的问题应仔细、缓慢地叙述，使学生对问题有一个清晰的印象.

(4)在提问后，教师要会控制学生的回答，使问题得到一个合理的分配. 为了调动每名学生的积极性，让他们主动参与到教学过程中，教师要对提出的问题进行合理的分配. 首先要仔细观察谁愿意参与活动，谁对参与活动不感兴趣，对于不感兴趣的学生要调动他们的积极性. 其次，对于不善于表达思想的学生要给予锻炼的机会. 对于学习基础差的学生要给他们设计一些较简单的问题让其回答，不断地给予鼓励和帮助，使他们慢慢地赶上来. 最后，要关注坐在教室后面和两边的学生，这些区域的学生易被教师忽略.

(5)提出问题后要根据学生的反映情况及时地给予引导，不要出现僵硬化的状态.

五、课堂小结的提问要有一定的指向性，并善于诱导启发

这种提问经常应用于一节课的结尾，是对这节课学到的知识和技能进行及时的、系统化的巩固和运用，使新知识有效地纳入学生原有的认知结构中．教师在进行这方面提问时，必须要有一定指向性，不要太片面或太过笼统地提问．太片面了，不利于把知识系统化；太过笼统，学生又不知从何说起．

如，我在听课学习时发现，很多教师为了体现重视发挥学生的主体作用，往往这样小结："下面请同学们思考一下，这节课我们都学习了哪些知识？"这种提问小结没有一定的指向性，新旧知识那么多，学生不知从何说起．有的学生被叫起来后虽然说了，但又与教师想要的答案有很大的差距，无形中浪费了时间(小结时往往剩的时间很少)．若教师提问时带有一定的指向性并及时予以诱导，效果就不一样了．

如"直线与平面平行的判定"这一节课小结时，教师首先提出："通过这一节课的学习谁能总结一下，哪些条件可判定'线面平行'？"(答略)然后诱导他们思考对定理的证明过程，从而得出：在研究"线面平行"的问题中，往往通过作辅助线把它转化成"线线平行"来研究，即把空间问题转化成平面问题来研究．这种方式的小结不仅培养了学生的归纳、总结能力，而且提升了学生运用数学思想方法解决问题的能力．

总之，提问是最能够表现教学是一门精致艺术的方法，也是数学课堂教学的重要手段．在数学教学中，每一环节都涉及提问这个方法，因此，教师要仔细斟酌提问的层次，运用各种不同的提问策略激发学生高层次的思维过程，使教学往更利于以学生发展为本的理念发展．善教者，必善问．精心设计课堂提问应该成为每个教师的必备技能．教师恰到好处的课堂提问有助于激发学生的求知欲，有利于培养学生思维的积极性和主动性，使学生在愉悦中获取知识，给数学课堂增添无穷的魅力，从而有效地提高教学效果．

（惠州市论文评选一等奖）

数学核心素养视角下提高学生运算能力的策略

博罗县杨侨中学　代子利

数学运算能力是数学六大核心素养之一. 如何在教学中渗透运算思想，提高学生的运算能力呢？在数学学习中，运算能力不仅仅是学生学习的基础，也是学生未来学习的保障，是学生必备的一项能力. 因此在数学教学中，教师若能借助巧妙的方式方法促进学生运算能力的提升，就能使学生的思维能力得到锻炼，使学生的学习能力得到提升. 在教学过程中，教师如果能很好地激发学生的学习兴趣，就能使学生在数学运算的过程中产生相对应的数学学习思路，很好地记忆复杂的运算公式，从而能够提升学生对数学学习的积极性. 教师为了调动学生的学习热情，可以进行教学方式上的创新和拓展，重视生活化教学情景，并且针对学生的个人性格特点来进行相应的创新，提高学生的学习热情，使学生能够时刻跟随教师的指引来进行学习和探索.

一、创设生活教学情景，使学生感受数学学习的魅力

数学教师在教学的过程中要积极地融入生活化元素，使学生能够将抽象的数学知识与生活实际相联系，从而更好地理解相应的数学知识. 教师在教学过程中也要给予相应的引导，利用幽默风趣的语言使学生能够感受到数学学习的乐趣，感受到数学学习的魅力. 教师在教学的过程中可以利用生活化的角色扮演来进行教学引导.

二、逐步增加练习量，提高学生的运算能力

教师在进行数学运算的教学过程中要充分考虑学生的学习积极性，并且以培养数学核心素养的教学理念来提高学生的数学学习热情. 反复地进行练习和

拓展，能够增强学生的数学计算能力，使他们能够在今后的考试中稳定发挥，考出理想的成绩. 教师在进行教学引导的过程中，要根据学生的学习水平来进行相应的教学指引，并且安排相应的试题数量，使他们能够根据自身的状况进行提升和拓展. 由于学生的性格特点较为活泼，注意力不够集中，因此教师要根据学生的这一特点来进行相应的教学引导，使学生能够认识到数学运算的重要性，并且积极地投身到数学计算锻炼中，不断地提高自身的运算能力. 教师还要用平稳的心态来引导学生端正学习态度，要引导学生细致耐心地进行计算，并且争取用最短的时间来进行计算，做到运算的过程中不粗心、不大意、不惧怕、不盲目，充分地提高运算能力，增加学习的积极性.

三、培养学生良好的计算习惯，增强学生的学习素养

由于高中阶段学生的可塑性较强，因此教师在进行教学引导的过程中要充分地结合学生的性格特点来进行教学引导. 教师要以学生作为教学的中心，尊重学生的主体地位，运用多样化的教学方式培养学生的学习兴趣，基于数学核心素养提高学生的综合素质，使学生端正数学计算的态度，加强逻辑思维意识. 例如，学习"随机事件的概率"这节内容时，有一道题目："赤、橙、黄、绿 4 个篮球队参加比赛，每一场比赛时每队获胜的概率都相等，将这 4 队分成任意两组进行篮球比赛，胜者再赛，赤、橙相遇的概率是多少?"篮球比赛是较为常见的生活场景，教师要引导学生将这一题目转换为数学模型，提取题目中的有效信息，结合生活内容分析事件发生的概率. 赤队和橙队分到同一组的概率为 $\frac{1}{3}$，各队获胜的概率是 $\frac{1}{2}$，赤队和橙队相遇的概率则是 $P = \frac{1}{3} + \left(1 - \frac{1}{3}\right) \times \frac{1}{2} \times \frac{1}{2} = \frac{1}{2}$. 教师应用数学模型引导学生理解题干内容，理清解题思路，进而提高运算能力. 教师在教学的过程中还要多给学生树立学习榜样，激发他们的学习自信心，提高他们的学习热情，使他们在竞争的过程中能够得到拓展和提升. 教师在教学的过程中要使学生养成良好的学习习惯，培养他们学习的规范性，使他们能够在计算的过程中细致耐心地书写相应的步骤，从而提高计算过程的准确性.

四、应用灵活教学方式，提高学生的记忆能力

数学教师在进行数学教学引导的过程中，要利用多元化的教学方式来拓展

自己的教学模式，提高学生的课堂参与性．教师要给予学生正确的帮助和引导，提高学生的学习积极性，使学生能够掌握基础性的计算能力．高中阶段学生数学能力的培养最重要的就是打下夯实的运算基础．教师在这一过程中要进行数学习题的教学引导，使学生能够掌握良好的计算方法，并且能够灵活地运用数学的公式和法则，进而培养学生的创造性思维和数学思维方式．数学教师可以在上课之前抽出几分钟的时间带领学生复习相应的数学知识点，进行温故知新，从而提高学生的数学学习能力．

综上所述，在培养学生数学核心素养的要求下教师要积极地转变教学思路，以德树人，尊重学生的性格特点，利用多样化的教学方式引导学生进行自主的学习和拓展．教师也要积极地与家长配合，采取全方位的教学引导，提高学生的逻辑思维能力，使学生掌握正确的数学学习方法，从而提高学生的数学运算能力．

（本文公开发表在《中国教师》2019 年第 6 期．）

浅议数学文化在高中课堂中的渗透

博罗县博罗中学　宿天婷

数学文化是指数学思想、数学精神、数学方法、数学语言和数学观点的发展过程，还包括数学史、数学家以及数学同其他文化的联系．在高中数学课堂中融入数学文化，可以丰富教师的教学方法，从而提高教学质量．培养学生数学文化素养的最佳途径就是数学课堂．那么，如何有效地将数学文化融入高中数学课堂呢？下面我将从两个方面来谈谈我的想法．

一、教学内容中恰当地融入数学文化

1. 让学生理解数学是一门发展的学科

日本数学教育家米山国藏在《数学的精神、思想和方法》中提出，数学应该不仅指数学知识，还包括数学的精神、思想、方法．在课堂教学活动中，教师要让学生明白数学是一门充满生机活力的课程．例如，教师可以和学生分享方程的由来．科学家们经历了漫长的岁月才发明创造了方程，但还有哥德巴赫猜想等许多的数学问题还未得到解决，需要新的接班人继续努力探索．这种数学文化的融入，潜移默化地激发了学生的创新意识，让学生勇于在辩证中探索．

2. 将数学史融入课堂教学中

法国伟大的数学家亨利·庞加莱说："如果我们想要预测数学的未来，那么适当的途径是研究这门学科的历史和现状．"因此，课堂教学中要突出数学的文化底蕴，将数学史融入课堂．教师可以通过两种途径融入数学史：一是有针对性地介绍一些数学家的数学人生或趣味数学故事；二是讲解教材相关知识的来源和演变过程，激发学生的学习兴趣．如在讲解"直线的方程"时，教师可以介绍坐标系的发明过程：笛卡儿是通过观察蜘蛛网发明了数对和平面直角坐标系．

这样的多元文化数学与学生的学习息息相关，从而使冰冷的数学知识转化为有温度的人文瑰宝. 学生通过数学史可以全面地了解知识的来龙去脉和发展历程，从而理解数学，热爱数学.

3. 挖掘数学的社会价值

在课堂教学中，教师要引导学生探索运用数学知识解决生活问题的过程和方法，从而体会数学知识的社会价值. 高中数学中有很多来源于生活的问题，如解三角形中测量山顶塔高的问题，线性规划中如何能最节约成本问题等. 又如在讲解指数的时候，教师可以让学生先看一段纪录片《纪实——马王堆辛追死因探秘》，然后提出问题：在没有记载的情况下，考古学家是怎么确定辛追的死亡年代的呢？这和指数函数又有什么关系呢？这样趣味性的探索问题能够将学生的思维引向深处. 教师引导学生挖掘数学的社会价值，能为数学问题的提出和解决提供相应的信息依据，从而让学生领略数学文化的全方位性.

二、实现数学文化融入课堂的多样化

1. 教学情境中渗透数学文化

数学教学情境是多样化的，课堂中的新授内容和已学知识、生活经验或者数学史息息相关. 数学文化可以作为课堂情境的例子很多，例如在讲圆锥曲线的时候，教师可以和学生分享：为了解决"倍立方问题"，希腊数学家门奈莫斯首先发现了圆锥曲线，而阿波罗尼斯将前人的成果加以总结，写成经典名著《圆锥曲线论》，他自己也因而成为一代数学巨人. 将数学史引入教学情境，学生仿佛穿越到了古希腊，和数学家们一起探索了圆锥曲线的形成，学生的学习兴趣自然得到了提升.

2. 习题教学中延伸数学文化

在习题教学中，教师要挖掘题目之外的文化价值. 如 2015 年新课标全国 I 卷理科第 6 题源于《九章算术》第五章《商功》，该题将古代文化"依垣"和现代数学中的"圆锥"结合，考查了圆锥的体积公式. 教师在讲解本题的过程中可以向学生介绍《九章算术》. 在高考中，源自古代数学名著《九章算术》的试题非常多，如果学生对这本数学名著有一定的了解，那么解决相关问题必然胸有成竹. 教师在教学中推广数学文化，能够让学生学会用数学的思维分析世界.

3. 师生互动中发现数学文化

爱因斯坦说过，"提出问题，往往比解决问题更重要". 在解决问题的同时，教师可以引导学生感悟数学的应用价值和文化魅力. 例如"直线与平面垂直的判定"这节课，在学生通过小组合作交流、探讨得到直线与平面垂直的判定定理后，教师可以告诉学生早在《几何原本》中，欧几里得就已经给出了线面垂直的定义和判定定理以及证明方法，在之后的几个世纪中，数学家们又进一步完善了线面垂直的判定定理及其证明方法，从而引导学生结合教材中的阅读材料"欧几里得的《原本》与公理化方法"学习. 这样的数学文化渗透能培养学生用数学的眼光去看世界的素养.

高中数学中抽象、复杂的内容让很多学生望而生畏，而数学文化多样性地融入能够帮助学生转变学习方式，提高学生学习的积极性. 当数学文化的魅力真正融入课堂时，数学知识就会变得简单易懂，学生不但能明白数学知识的真谛，而且能提高研究数学问题的能力. 不管是现代数学发展还是人类社会进步的需要，高中生都需要在文化层面领悟数学，接受数学文化熏陶，从而热爱数学，积极投身到数学学习中来.

参 考 文 献

[1]中华人民共和国教育部. 普通高中数学课程标准(2017 年版)[S]. 北京：
人民教育出版社, 2018.

[2]史宁中, 王尚志. 普通高中数学课程标准(2017 年版)解读[S]. 北京：高
等教育出版社, 2018.

[3]中华人民共和国教育部. 普通高中数学课程标准(实验稿)[S]. 北京：人民
教育出版社, 2003.

[4]人民教育出版社, 课程教材研究所. 普通高中教科书·数学(必修第一册)
[M]. 北京：人民教育出版社, 2019.

[5]人民教育出版社, 课程教材研究所. 普通高中教科书·数学(必修第二册)
[M]. 北京：人民教育出版社, 2019.

[6]人民教育出版社, 课程教材研究所. 普通高中教科书·数学(选择性必修第
一册)[M]. 北京：人民教育出版社, 2020.

[7]钟启泉, 崔允漷. 核心素养与教学改革[M]. 上海：华东师范大学出版
社, 2018.

[8]余文森. 核心素养导向的课堂教学[M]. 上海：上海教育出版社, 2017.

[9]蔡清田. 核心素养与课程设计[M]. 北京：北京师范大学出版社, 2018.

[10]曹一鸣, 冯启磊, 陈鹏举. 基于学生核心素养的数学学科能力研究[M].
北京：北京师范大学出版社, 2017.

[11]章建跃. 章建跃数学教育随想录[M]. 杭州：浙江教育出版社, 2017.

[12]李方. 教育知识与能力[M]. 北京：高等教育出版社, 2011.

[13]蒋晓虹, 袁桂平. 教育心理学[M]. 北京：北京师范大学出版社, 2016.

[14]史宁中. 高中数学课程标准修订中的关键问题[J]. 数学教育学报, 2018

(1)：8 – 10.

[15]章建跃. 数学核心素养如何落实在课堂[J]. 中小学数学(高中版)，2016
(3)：4.

[16]孔凡哲. 从结果评价走向核心素养评价究竟难在何处？[J]. 教育测量与
评价(理论版)，2016(5)：1.

[17]崔允漷. 追问"核心素养"[J]. 全球教育展望，2016(5)：3 – 10，20.

[18]卜凡敏，黄晓学. 数学核心素养下函数概念的教学设计[J]. 福建中学数
学，2018(6)：16 – 18.

[19]文卫星. "三度"视角下的"核心素养"教学：以"函数概念(第一课时)"为
例[J]. 上海中学数学，2017(9)：4 – 7.

[20]康小峰. 基于核心素养的数学概念教学：以"函数的奇偶性(第一课时)"同
课异构为例[J]. 中学数学研究，2019(6)：1 – 3.

[21]杨文举. 对一节观摩课的再思考：兼谈高中数学课堂核心素养的落实[J].
中学数学教学参考，2017(9X)：13 – 15.

[22]陈敏，吴宝莹. 数学核心素养的培养：从教学过程的维度[J]. 教育研究
与评论(中学教育教学版)，2015(4)：44 – 49.

[23]陈柏良. 在深度学习中发展数学核心素养[J]. 中学数学教学参考(上旬)，
2017(5)：9 – 11.

[24]赵亮. 高中数学核心素养之"数学模型"能力培养案例探析[J]. 中学数学
教学，2018(5)：24 – 27.

[25]戴圩章. 让含参零点问题有迹可循[J]. 中学数学教学参考，2017(8)：
42 – 44.

[26]何介. 如何将函数思想融入高中数学教学[J]. 数学学习与研究，2019
(5)：90.

[27]张婕. 高中数学教学体系中的方程思想[J]. 中学数学，2018
(19)：88 – 89.

[28]何芳. 数学思想方法在高中函数教学中的渗透[J]. 数学学习与研究，
2018(13)：29.

[29]王峰. 核心素养下高中数学教学渗透"慢"的艺术[J]. 中学数学教学参考
(上旬)，2019(1)：26 – 29.

[30]吕增锋. 牵着走，还是让学生自己走：基于核心素养的数学课堂教学的思

考[J]. 中学数学教学参考(上旬), 2019(31): 34-36.

[31]克莱因. 古今数学思想(第一册)[M]. 张理京, 张锦炎, 江泽涵, 等, 译. 上海: 上海科学技术出版社, 2002.

[32]汪晓勤. 椭圆方程之旅[J]. 数学通报, 2013(4): 54-58.

[33]贝尔热. 现代数学译丛: 几何(第四卷): 二次型, 二次超曲面与圆锥曲线 [M]. 陈志杰, 周克希, 译. 北京: 科学出版社, 1989.

[34]汪晓勤, 王苗, 邹佳晨. HPM视角下的数学教学设计: 以椭圆为例[J]. 数学教育学报, 2011(5): 20-23.

[35]弗赖登塔尔. 数学教育再探: 在中国的讲学[M]. 上海: 上海教育出版社, 1999.

[36]靳玉乐. 探究教学论[M]. 重庆: 西南师范大学出版社, 2001.

[37]蔡旺庆. 探究式教学的理论、实践与案例[M]. 南京: 南京大学出版社, 2015.

[38]章建跃. 数学教育改革中的几个问题的思考[J]. 数学通报, 2005(7): 6-8.

[39]潘辉荣. 浅谈到位的课堂提问[J]. 福建中学数学, 2005(4): 13-15.

[40]彭刚, 程靖. 应该重视数学文化在教学中的渗透[J]. 中国教育学刊, 2016(2): 102-103.

[41]陈黄梅. 数学文化的渗透与数学教学[J]. 高中生学习, 2015(7): 88-90.

[42]张奠宙, 梁绍君. 中学教材中的"数学文化"内容举例[J]. 数学教与学, 2002(4): 2-5.

[43]杨豫晖, 吴姣, 宋乃庆. 中国数学文化研究述评[J]. 数学教育学报, 2015(1): 87-90.

[44]人民教育出版社, 课程教材研究所. 普通高中教科书·数学(选择性必修第二册)[M]. 北京: 人民教育出版社, 2020.

[45]罗增儒. 数学解题学引论[M]. 西安: 陕西师范大学出版社, 2001.

[46]莫雷. 教育心理学[M]. 广州: 广东高等教育出版社, 2005.

[47]沈康身. 数学的魅力(一)[M]. 上海: 上海辞书出版社, 2004.

[48]王海. 关于提高学生运算能力的探究[J]. 中国教育与教学, 2007(4): 36-37.